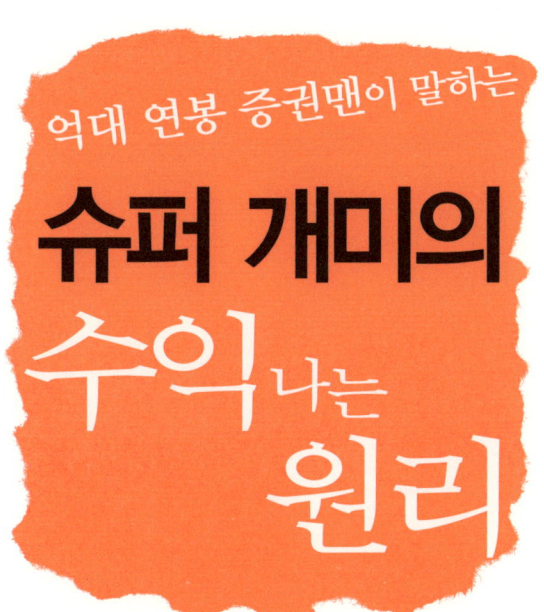

억대 연봉 증권맨이 말하는

슈퍼 개미의 수익 나는 원리

임정규 지음

가림출판사

★ 일러두기 ★
이 책에 사용한 주식 차트는 우리투자증권 HTS에서 인용하였습니다.

책머리에

필자는 중학교 3학년 때부터 증권업을 업으로 삼고 살겠다고 생각하며 단 하루도 그것을 잊어본 적이 없다. 그리고 그 꿈을 고등학교 때부터 실천에 옮기기 시작했다. 어딜 가든 항상 필자의 손에는 경제신문이 들려 있었고, 길을 걷다 좋은 회사를 보면 그것이 상장 회사는 아닌지 생각하고, 아니라면 상장하였을 때 적정 주가가 어느 정도 올라갈지 등을 추측하는 습관을 가졌다. 잠자는 시간을 제외하고는 오로지 기업과 증권 관련 일만 생각했다.

그렇게 지내온 세월이 13년이다. 물론 어렸을 때부터 일찍 주식 투자를 시작하였고 그 과정 중에 비싼 수업료를 내기도 하면서 아주 단순한 성공 법칙을 깨우치게 되었다. 그것은 주식투자에 가장 중요한 것은 기본적인 시장 원리만 잘 파악하여도 수익을 낼 수 있다는 것이다.

회사의 펀더멘털이 아무리 우수하여도 시장에서 주목받지 못하면 주가가 쉽게 오르지 않는다는 것, 많은 사람들이 시장에 몰려들면 경기 상황이나 회사들의 실적이 좋아도 주가가 떨어질 수 있다는 것 그리고 뉴스와 시황은 시세가 움직이고 난 후 그에 맞춰 귀에 걸면 귀걸이, 코에 걸면 코걸이 식으로 그때그때 짜맞추듯이 등장하며, 어떤 회사는 주가 수익 비율인 PER이 과도하여도 다른 이유를 붙여서 저평가란 이유를 다는가 하면 같은 시기에 어떠한 회사는 투자 지표가 시장 평균치보다 높고 주가가 낮게 형성되어 있어도 이런저런 이유를 붙이며 지금 눈에 보이는 주가가 약세라고 그에 맞는 평가를 내려버리는 것 등이다.

무엇보다 알아야 할 것은 그 어떤 전문가도 시장을 정확하게 맞히지는 못한다는 것이다.

필자에게는 아주 독특한 취미가 있는데 언론에 나오는 중요한 이슈에 대해 주식 전문가들이 의견을 내놓으면 그것을 꼭 실제 시세의 움직임과 비교해보는 것이다. 지난 10년간 그렇게 해온 결과 발견한 아주 재미있는 사실은, 아니 어쩌면 당연한 것인지도 모르는 것은 그 전문가란 사람들조차 시장을 정확하게 맞히는 경우가 극히 드물었다는 것이다. 결국 그것은 이 책을 출판하는 동기가 되었다.

우리는 직장인이다. 회사의 오너가 아니다. 엄밀히 이야기하면 배당으로 생기는 자본 이득과 시세 차익을 남기기 위해서 주식 투자를 하는 것이지, 경영을 하려고 지분을 취득하는 게 아니다. 즉 지금 몸담고 있는 회사에서 열심히 일하며 은행 이자보다 몇 배 더 벌어보려고 재테크를 하는 것이다.

재테크를 하는 데 대단한 기법이나 방대한 지식이 필요한 것은 아니다. 직장인이면 직장인답게 투자해야 한다. 일반인들이 텔레비전에 출연해서 어려운 용어와 이론, 지식을 청산유수처럼 술술 이야기할 일은 없지 않는가? 시중에 나와 있는 책 속에 담긴 고수들의 매매 기법을 알면 그들처럼 큰돈을 벌 수 있을 것 같은가? 그 책을 쓴 분들이 말하는 매매 기법은 대부분 수억 원에서 수십억 원의 손실을 보기도 하고, 피눈물을 쏟아가며 뼈를 깎는 고통을 겪으면서 알게 된 노하우이다. 그것을 겨우 1, 2만 원 하는 책을 사서 읽었다고 해서 다 알게 되고 그들처럼 수익이 날 것이라고 생각하는 것은 지나친 욕심이다.

재테크 수단으로 돈을 벌기 위해 주식 투자를 하는 것이라면 기본적인 내용만 알고 있어도 수익을 내는 데는 지장이 없음을 이 책을 읽고 알게 되었으면 하는 바람이다.

끝으로 이 책을 낼 수 있도록 도와주신 저희 맛사단('맛있는 사과'라는 닉네임을 쓰는 필자와 함께 매매하는 투자자들을 가리키는 말) 회원 분들과 가림출판사 직원 분들 그리고 너무나 부족한 필자를 많은 사랑과 관심으로 가르쳐주시는 저희 교보증권 상암 지점에 계시는 선배님과 후배들에게도 감사의 말씀을 꼭 전하고 싶다.

2009년 7월

맛있는 사과 임 정 규

차례

책머리에 _ 7

1부 » 꾸준히 수익 내는 상위 5퍼센트의 직장인

- 대중과 함께 가지 않는다 _ 16
- 손해보고 팔거면 시작도 안 한다 _ 20
- 반대 의견이 많을수록 수익률이 높다는 것을 안다 _ 23
- 종목이 아니라 시기를 중요시한다 _ 26
- 명품 가방이 아니라 명품 주식에 관심을 둔다 _ 29
- 불확실한 코스닥 상장 기업은 쳐다도 안 본다 _ 31
- 폭락 시세에 주식을 살 수 있는 용기가 있다 _ 35
- 분위기에 편승하지 않고 기업을 본다 _ 37
- 증권면을 멀리 하고 산업면을 집중해서 본다 _ 42
- 현금이 최고의 미인주라는 것을 알고 있다 _ 47
- 투자 기간이 대체로 길다 _ 52
- 똑소리 나는 주관이 있다 _ 58
- 잘 아는 기업에만 투자한다 _ 61
- 남들과 반대편에 선다 _ 64

- 다이아몬드보다 아름다운 복리의 마술을 이용한다 _ 66
- 루머로 돈 벌 확률은 1퍼센트 미만, 그 확률에 도전하지 않는다 _ 71
- 빚더미에 앉게 하는 미수와 신용 대출은 쓰지 않는다 _ 74
- 싸게 사려고 하지 않는다 _ 78
- 테마주는 단기 매매로만 활용한다 _ 82

2부 》 최적의 매매 타이밍

매수 전략 _ 88
- 언론을 이용한 매수·매도 타이밍 _ 89
- 신문 기사를 통한 종목 발굴법 _ 93
- 추가 매수도 아무 때나 하는 것이 아니다 _ 95
- 고수익은 신고가 종목에서 나온다 _ 100
- 종목 선정에 자신 없으면 인기 있는 유명 대형주에 묻어가라 _ 103
- 외국인이 사는 종목 영리하게 훔쳐보기 _ 109
- 핵심 우량주 5종목으로 안전하게 수익 내기 _ 112

매도 전략 _ 116
- 참된 주식 고수는 손절매를 잘하는 사람이다 _ 117

- 매수하면서 매도를 준비하라 _ 123
- 고점이 낮아지면 매도하라 _ 125
- 생각대로 움직이지 않으면 던져라 _ 127

3부 » 직장인을 위한 기업 분석

- 우리가 애널리스트인가 _ 132
- 재무제표 좀 더 알아볼까 _ 145

신문에 자주 등장하는 용어 정리 _ 163

4부 » 쉽게 적용 가능한 차트 매매

- 이동평균선이 정배열로 되어 있는 종목에만 관심을 두라 _ 170
- 정배열 종목을 사고 역배열 종목은 건들지도 마라 _ 173
- 정배열 종목이 없을 때는 투자 심리선을 이용하라 _ 176
- 신고가 종목에 관심을 두라 _ 179
- 각종 악재에도 하방경직성을 유지한다면 관심을 가져야

할 대상이다 _ 182
- 골든크로스 종목은 매수하고 데드크로스 종목은 쳐다보지도 마라 _ 185
- 종합 주가 지수의 상투는 거래 대금으로 판단하라 _ 188
- 이런 차트 모양 나올 때 할 일은 매도, 매도, 매도 _ 190

5부》 수익 나는 펀드 가입 방법

- 펀드 가입의 허와 실 _ 198
- 펀드 가입 시기는 무엇으로 판단할까 _ 200
- 펀드 가입 시 알아두면 좋은 내용 _ 204
- 펀드 유형별 투자 방법을 알아보라 _ 208
- 펀드 보수 비용 비교는 금융투자협회 홈페이지를 이용하라 _ 213

부록》 급등주 매매 내역 공개 _ 216
　　　초보자를 위한 업종별 주요 관심 종목 정리 _ 224
　　　맛있는 사과의 주식에 대한 생각 _ 240

1 꾸준히 수익 내는 상위 5퍼센트의 직장인

대중과 함께
가지 않는다

> **❝ 대중과 함께 움직여선 먹을 게 없다 ❞**

이 간단한 원리를 실천하는 사람이 얼마나 될까?

내가 100만 원이란 이익을 얻기 위해선 누군가 100만 원을 잃어줘야 한다. 철저하게 제로섬 게임이 될 수 있는 곳이 주식 시장이다. 그런데 다 함께 한 방향으로 움직인다면 주식 투자를 하며 다 같이 이익이 날 수 있을까?

물론 없다. 필자가 10년간 투자 경험을 하면서 가장 크게 깨달은 것이 바로 이 사실이다. 이처럼 단순한 원리를 알기까지 너무도 많은 시간과 비용을 들였고, 참으로 멀리 돌아왔다는 생각이 든다.

소위 소수의 부자 20퍼센트가 전체 자산의 80퍼센트를 갖고 있다는 '8:2 법칙'처럼 어쩌면 지금은 소수 10퍼센트가 전체 자산의 90퍼센트를 갖고 있을지도 모른다는 생각이 든다.

사회가 성장하고 경제 수준이 높아지며 부익부 빈익빈 현상이 뚜렷해지고 있다. 또한 언론과 매체, 인터넷이 발달할수록 더욱더 그 격차가 커지고 있는 것 같다. 왜일까?

지금은 많은 정보나 기사를 거의 전 세계에서 실시간으로 동시에 접할 수 있다. 과거처럼 한쪽에서 발생한 사건이나 정보가 시간차를 두고 다른 사람에게 전달되는 것이 아니라 동시 다발적으로 지역과 거리의 제약 없이 접할 수 있다. 바꿔 말하면 많은 사람이 동시에 접하는 뉴스는 대중을 한쪽 방향으로 쏠리게 할 가능성이 크며 정보로서의 가치도 없다.

거기에다 언론의 영향력이 커지고 그런 내용을 아무 비판의식 없이 "설마 텔레비전에 나온 내용인데……. 에이, 그래도 유명 신문에 나온 기사인데……."하며 그대로 수용하는 경우가 굉장히 많다.

그러다 보니 많은 사람이 다양한 색깔을 갖지 못하고 비슷한 사고에 젖어 행동한다. 그것은 투자에도 그대로 반영된다.

이런 구조 속에서 절대 다수가 함께 움직이는 곳에 수익이 날까? 수익을 내려면 누군가 손실을 봐야 하는데 이미 절대

다수가 한쪽 방향으로 쏠린 마당에 고가에 내가 산 주식을 사주며 손실을 볼 사람이 존재하기는 할까?

결국 뒷차를 탄 많은 사람만 아우성을 치게 되고 마지막엔 너도나도 먼저 자기가 가진 주식을 팔려고 하다 보니 주가는 더욱 급락하게 된다. 그러다 결국 지치고 지쳐 헐값에 주식을 팔면 소수 사람들이 대중이 내놓은 주식을 싸게 매입한다. 그 소수의 사람들은 또 시간이 지나 많은 새로운 대중이 등장해서 고가에라도 주식을 사겠다고 하면 조용히 팔고 나온다.

그렇다면 왜 많은 사람들은 소수의 사람들이 가는 길에 서지 못할까?

소수의 사람들은 남들이 가지 않는 길을 혼자 가기 때문에 외로운 길을 걷는다. 그들이 주식이나 투자를 할 때 언론이나 주변 동료, 가족들, 그 누구 하나 편이 되어주는 경우는 드물다. 모두가 한 목소리로 '안 좋다, 최악이다'라고 이야기할 때이기 때문이다.

시장 원리를 모르고선 아무리 뛰어난 분석을 한다고 해도 수익으로 연결시키기까지 많은 시간과 시행착오가 필요하다.

실제로 많은 사람들의 입에 오르내렸던 해외 토픽에 의하면, 영국에서 유명 펀드 매니저와 저명한 대학 교수, 재야 주식 고수, 그리고 침팬지가 수익률 게임을 벌인 적이 있다. 특정 종목 몇 개를 놓고 가장 수익이 높은 경우를 찾는 것이었는데 놀랍게도 침팬지가 1등을 차지하였다.

펀드 매니저는 투자 경험과 시장 환경을 주로 보았고 대학 교수는 철저히 기업 분석에 바탕을 두었다고 한다. 침팬지에게는 다트를 던져 종목을 선택하게 하였다. 물론 1회이니 우연이라고 볼 수 있을 것이다. 하지만 그 다음 해 동일한 시기에 똑같은 실험을 했을 때도 역시 침팬지가 1등을 했으니 우연이라고만 할 수는 없을 것 같다.

이 실험은 시장이 전문가가 분석한 대로 가지 않음을 보여준다. 이것은 상당히 의미하는 바가 크다.

소수 성공하는 5퍼센트의 투자자들이 행동으로 옮길 때 주변 여건은 언제나 나쁘다. 그 누구 하나 그들의 편을 들어주는 사람도 없고 투자에 성공할 거라고 확신을 줄 만한 신호나 뉴스는 어디에도 없다.

하지만 그들이 외로운 길을 택하는 것은 그렇게 해야만 더 높고 안정적인 수익을 얻을 수 있음을 경험을 통해서 잘 알고 있기 때문이다.

손해보고
팔거면
시작도 안 한다

"저는 손해보고는 죽어도 못 팔아요."

꾸준히 수익을 내고 계신 한 여성 투자자분의 말씀이다. 이분은 요란하거나 화려한 투자 원칙, 비밀스러운 매매 방법은 없다고 한다. 하지만 몇 년간 반드시 지켜오고 있는 규칙이 있는데 그것은 '절대 손해보고는 안 판다' 라는 것이다.

필자도 상당히 공감한다. 재테크를 왜 하는지를 한번쯤 생각해본다면 쉽게 답을 얻을 수 있다. 그것은 바로 우리가 보유하고 있는 재산을 조금 더 빨리 불리고자 함이다.

그런데 그 피 같은 돈을 투자해서 손실을 본다면? 좀 더 빠르게 불리려던 자산을 오히려 까먹는 결과를 초래한다.

텔레비전이나 인터넷을 보면 증권 전문가가 나와 애청자나 시청자의 종목을 상담해주거나 추천 종목을 말해주곤 하는데 그때마다 드는 생각은 항상 같다.

'아니, 저 가격에 손절매를 하라고? 이미 매수가 대비 20퍼센트 가까운 액수가 빠진 상태인데?'

재테크를 하는 이유는 정신적으로나 물질적으로 윤택하게 살기 위함이다. 그런데 과연 저런 투자가 정신적으로, 물질적으로 우리를 도와줄 것인가 진지하게 생각해봄 직하다.

실제 필자가 투자를 할 때도 가장 많이 고민하는 부분이 리스크 관리다. 과연 지금 이 종목에 투자할 때 손해볼 가능성은 얼마나 되는가? 그것이 감당 가능한 액수인지, 충분히 기다릴 수 있는 시간인지를 먼저 확인한다.

얼마를 벌 것인지를 계산하는 게 아니라 얼마나 잃지 않을 것인가를 생각하는 것이 중요하다. 이것은 줄곧 성공만 하는, 그래서 실패가 없는 투자를 하는 상위 5퍼센트 직장인들에게 보여지는 공통된 특징이다. 그들은 애초에 손해를 보지 않을 종목으로 코스피 상장 블루칩을 선택한다. 그리고 그 기업을 믿고 보유한다. 시장 상황이 어떻든, 주변에서 뭐라고 하든 말이다.

단, 손절매를 해야 하는 경우와 보유한 주식이 좀 빠져서 계속 갖고 가는 것과는 조금 차이가 있다. 지수가 과열권이라고 생각되는 상황에서 주가가 중요한 지지선을 깨고 내려올 때는 가능하면 손절매로 대응해야 한다. '손해를 보고 안 판다' 란 개념은 횡보장이나 과매도권에 적용해야 한다. 중요한 것은 계속 갖고 있어도 시간이 지나면 주가가 오를 것 같은 회사를 접근해야 하는 것이다.

반대 의견이 많을수록 수익률이 높다는 것을 안다

"어머니, 돈 좀 보태주세요."

2003년 겨울 평소 잘 알고 있던 하이닉스의 주가가 6,000원이 깨질 당시 필자가 어머니께 드린 말씀이다.

오랜 기간 주식 시장을 지켜보면 재미있고 놀라운 사실을 발견할 수 있다. 그것은 시장 여건이 안 좋고, 내 의견에 반대하는 사람이 많을수록 수익률이 높아진다는 것이다.

같은 현상을 놓고도 전혀 다른 의견이 나오는 곳이 바로 이 주식 시장이다. 그만큼 본인의 주관과 확신이 중요하다.

유명 애널리스트나 펀드 매니저의 예측조차 틀리는 곳이 이 바닥이기 때문에 똑소리 나는 투자자 본인의 주관이 더 정확하고 높은 수익을 가져다 줄 수도 있다.

하이닉스(2003. 12. 25.)

위 그래프는 필자가 처음 부모님과 이야기를 나눌 당시 주가 차트이다. 첫 번째 차트의 동그라미 부분을 보기 바란다. 하이닉스 주가가 6,000원이 깨지는 순간 필자의 머릿속은 '모든 돈을 끌어모아 하이닉스 주식을 사야겠다'란 생각뿐이었다. 회사에 대한 믿음이 있었기 때문에 6,000원 이하의 가격은 바겐세일이라고 생각했다. 하지만 시장 반응은 달랐다.

외국계 증권 회사에서는 목표가를 5,000원 이하로 제시하였고 국내 증권 회사에서도 모두가 한 목소리로 IT 불황에 하이닉스의 미래가 불안하다는 리포트만 쏟아냈다. 모든 사람이 필자와 반대로 생각했다.

하이닉스 약 3개월 후(2004. 4. 1.)

    그러나 두 번째 차트를 보면 4개월 후 주가가 180퍼센트 가까이 올랐다는 것을 알 수 있다.

    경험상 시장의 이야기가 한 목소리로 흘러 부정적인 뉴스가 나오거나 긍정적인 뉴스가 터져 나온다면 시장은 오히려 그 반대로 흘러가는 경우가 많았다. 저 당시 모든 사람이 부정적인 시각으로 바라보던 것이 오히려 기회로 작용할 수 있었다. 이와 같은 사례에서 알 수 있듯이 우리가 염두에 두어야 하는 것은 많은 사람들이 자신의 의견에 반대할수록 투자자 본인은 더 큰 확신을 갖고 적극적인 자세로 접근해야 한다는 것이다.

종목이 아니라 시기를 중요시한다

> ❝ 주식과 연애의 공통점은 타이밍이다 ❞

　　주식 부자 상위 5퍼센트에 들어가는 직장인 투자자, 이들에게는 시장 원리를 잘 이용한다는 공통점 외에 몇 가지 특징이 더 있다. 이들의 사례를 통해 때론 종목보다 시기가 얼마나 중요한지 살펴보자.

　　몇 년 전 A란 투자자는 오랜 기간 모아놓은 종자돈을 당시 증권 회사와 언론에 대서특필되고 있던 삼성전자에 투자했다. 외국계 증권 회사는 물론 모든 기관에서 삼성전자 주식이 한 주에 100만 원은 충분히 갈 것이라고 하였다. 그 당시 삼성전자는 최초로 주가가 60만 원을 기록하고 있을 때였다. 정말 시장 분위기와 삼성전자의 주가 흐름 등을 보면 한 주에 100만 원 그 이상도 갈 것처럼 보였다.

하지만 이 투자자가 간과한 부분이 있었다. 아무리 좋은 종목이라도 싸게 사지 않는다면 아무 의미가 없다는 것 말이다.

여러 해가 흘러 그때보다 더 많은 매출과 이익이 늘어나고 있지만 삼성전자 주가는 50만 원에서 70만 원 사이에서 움직이고 있다. 그때 60만 원에 샀던 사람은 최고점대에서 매수한 결과가 되었다. 그는 여러 해 동안 아픔 속에서 살았을 거라고 짐작된다. 그 이후 주가는 40만 원대까지 떨어졌다.

삼성전자의 주가가 100만 원이 되고 안 되고는 중요한 게 아니다. 그건 오너의 입장에서 그렇지 일반 직장인의 투자관은 아니란 말이다. 투자자는 시세 차익을 남기려는 것이지 회사의 오너처럼 '소유' 개념으로 주식을 사는 것이 아니기 때문이다.

주식을 살 때는 그 회사 자체도 중요하지만 매수 시기와 매입 가격이 더 중요하다. 삼성전자가 한 주에 100만 원을 할 것인지, 1,000만 원을 할 것인지, 시장을 예측하는 것보다 얼마나 싼 가격에 샀는지가 더 중요하다.

우리가 생각하는 대로 주가가 바로 50만 원, 100만 원, 200만 원, 이렇게 상승한다면 좋겠지만 그렇게 오르기까지는 많은 시간과 심적 고통(?)이 뒤따라야만 한다. 아무리 글로벌 상위 기업이라고 하여도 높은 가격에 사는 것은 아무 의미가 없다.

코스피 지수가 50위 안에 드는 종목은 이미 경쟁력이 확보된 기업의 주식들이다. 기업의 향후 비전만 보거나 현재 실적만 보고 시장 분위기나 현재 주가 수준을 생각지 않고 덥석 매수해버리는 실수는 하지 말아야 한다.

종목 선정을 잘해도 본인이 높은 가격에 매수해버리면 그때부터 행복 끝, 불행 시작이 될 수 있다는 사실도 염두에 두어야 한다. 이를 명심하고 또 명심하기 바란다. 시기를 잘 정해서 최대한 싸게 매수해야 한다. 기업이 좋고 나쁘고는 코스피 지수 50위 안에 드는 우량주라면 어쩌면 실제 수익률을 내는 데는 무의미할지도 모른다.

명품 가방이 아니라 명품 주식에 관심을 둔다

대기업에 근무하는 윤모 씨(30세, 여)는 싸게 나온 좋은 물건이 없나 하고 두리번거리는 취미가 있다. 여기서 물건이란 명품 가방이나 옷을 얘기하는 것이 아니라 주식을 말한다.

다른 친구들이 한창 백화점에서 명품 가방을 구입하며 즐거움을 만끽할 때 윤모 씨는 시원한 사무실에서 모니터를 보며 마우스를 움직이기에 바쁘다. 이유인즉 소위 명품 주식을 사기 위해 백화점이 아닌 HTS(home trading system : 온라인을 통해 주식 매매를 하는 시스템)를 열고 종목을 둘러보기 때문이다.

"노후를 위해서라도 나중에 가치가 높아질 것을 사둬야죠. 그게 바로 주식이라고 생각해요."

그녀는 명품 주식을 잘 사두면 배당도 받고 단기적으로는 오르고 내리고를 반복하지만 길게 보면 결국 수익을 챙길 수 있다고 한다. 또한 지갑에 놔두면 어디에 썼는지도 모르게 빠져 나가는 현금 흐름을 통제할 수 있어서 좋다고 말한다. 요즘은 이런 젊고 센스 있는 여성들이 늘고 있다.

아래 표는 지난 8년간 주요 종목의 주가 상승률을 말해준다. 명품 종목으로 불리는 내재 가치 우량주 목록인데 200퍼센트에서 4,000퍼센트가 넘게 오른 주식도 눈에 띈다. 내재 가치 우량주는 발굴하기가 힘들지만 잘 골라서 투자한다면 단기 등락은 있을지언정 손해를 볼 일은 거의 없다.

지금부터라도 틈틈이 명품 기업이 될만한 기업을 찾아보고 관심을 갖는 건 어떨까? 몇 년 후 남들보다 몇 배 많은 자산을 갖게 될지도 모르니 말이다.

구분	2000년(원)	2008년(원)	상승률(퍼센트)
동양제철화학	4,500	440,000	9624.78
대한해운	5,300	230,000	4224.09
현대건설	4,800	81,000	1581.46
신세계	56,000	685,000	1118.84
삼성전자	252,000	760,000	201.51
현대미포조선	9,200	380,000	4015.65
SK	25,000	275,000	996.06
S-OIL	12,700	88,000	590.43
POSCO	69,000	760,000	997.51
현대모비스	2,950	99,000	3243.92
대선조선	22,100	280,000	1162.43

2008년도 기준

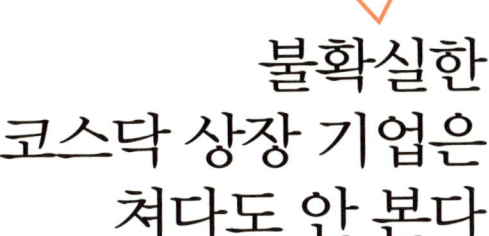

불확실한 코스닥 상장 기업은 쳐다도 안 본다

❝ 코스닥 상장 기업은 쳐다도 안 본다 ❞

전업 투자자, 가치를 찾는 사람들, 풍부한 경험이 있는 베테랑 재야 고수.

이에 해당 사항이 없다면 이 시간부터 코스닥에 상장된 종목은 쳐다도 보지 말기 바란다. 대부분 벤처, IT 업종이 주를 이루고 있는 코스닥 상장 기업은 사업 환경에 따라 회사 자체의 성장성이 하루아침에 바뀔 운명에 처하는 경우가 많다. 그러므로 앞으로의 사업성, 성장성 등을 도저히 가늠할 수가 없다. 그만큼 변동성이 크다는 말이다.

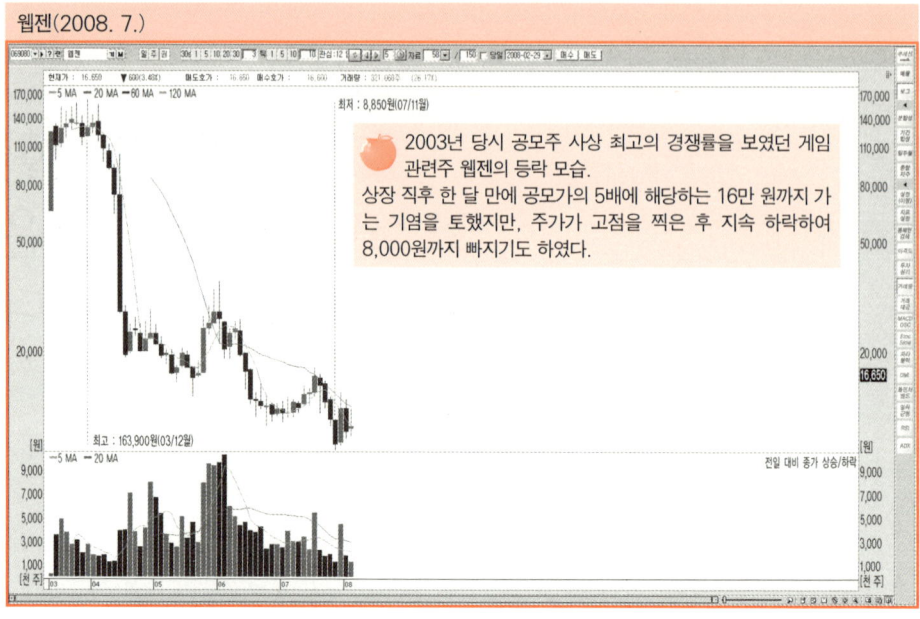

몇 가지 기업을 예로 들어 보겠다. 물론 이 종목은 그 한 예일뿐 실제는 더 많은 기업들이 있다.

'웹젠'이라는 회사는 제2의 엔씨소프트란 이름 아래 주식시장에 등장했다. 공모가부터 상장 후 1년 동안은 정말 엔씨소프트의 아성을 무너트릴 수 있을 것처럼 보였다.

하지만 2007년 이후 주가 모습은 정말 보기 안쓰러울 정도로 참담하다. 16만 원에서 1만 원 수준으로 주가가 내렸다는 것은 한때 제2의 엔씨소프트란 명성과 2003년 상장 당시 최고의 공모가를 기록했던 회사로서 납득하기 힘든 주가 움직

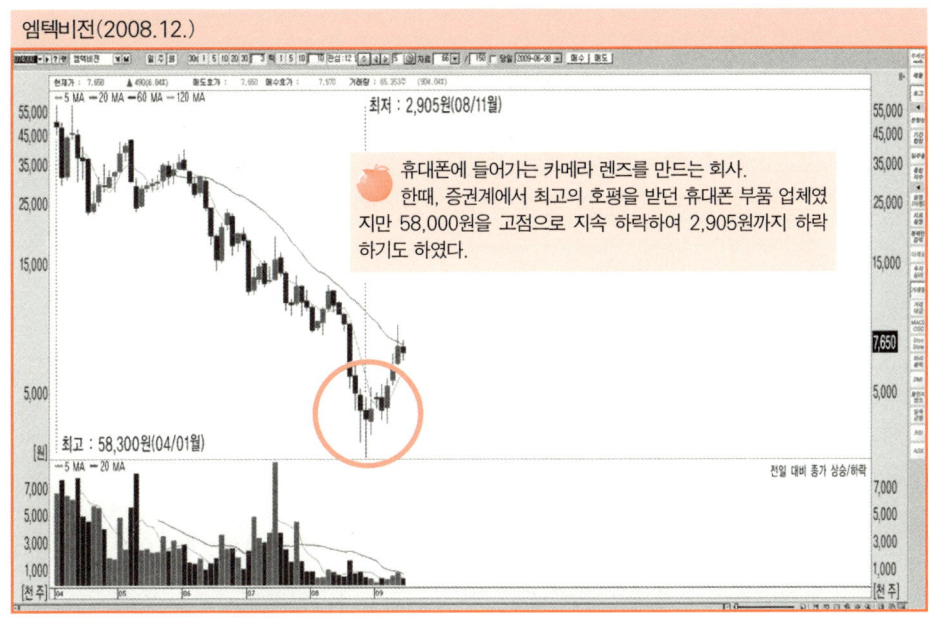

임이 아닌가?

이는 그만큼 코스닥 상장 기업들의 사업 리스크가 크고 향후 전망을 예측하기 힘들다는 말이다.

코스닥 시장은 전업 투자자들이 급등주 위주로 매매를 하거나 가치 투자를 지향하는 사람들이 찾는 곳이지, 일반 직장인이나 초보 투자자가 머물 곳은 절대 못 된다.

위 그래프는 과거 휴대폰 카메라 렌즈를 제작하던 유명 기업의 주식 차트이다. 하지만 지금 주가는 어떤가? 이 회사 외에도 '유일전자(현재 사명을 바꾸었다)'란 회사는 고배당주에,

사업성도 좋다고 하여 4만 원대 주가를 계속 유지하던 시기가 있었다. 하지만 현재 주가는 6,000원대에 머물고 있다.

다시 말하지만 전업 투자자로서 단기 매매를 하거나 시장에 알려지지 않은 숨은 가치주를 찾기 위한 것이 아니라면 코스닥을 멀리 하는 것이 계좌도 지키고, 정신 건강도 챙기는 지름길이다.

5년간 최고·최저 주가 흐름

(단위 : 원)

종목	업종	과거 최고 주가	현재 주가
엠텍비전	휴대폰 카메라 렌즈 제작	163,000	9,200
웹젠	게임 제작 업체	58,000	5,300

폭락 시세에
주식을 살 수 있는
용기가 있다

❝ 주가는 1년에 1~2차례 폭락한다 ❞

이미 언급한 것처럼 남들이 관심을 갖고 모든 언론과 대중이 주식을 사려는 주문이 몰리면 주가는 단기간에 큰 폭으로 오른다. 그러면 투자를 하는 당사자들은 '어랏, 주가가 잘 오르네.' 란 생각을 한다.

하지만 그 시간도 오래 가지 않는다. 항상 그래왔듯 그 기분을 제대로 느끼고 맛볼 틈도 없이 얼마 못 가 주가가 곤두박질치기 시작하고 여기저기서 고점에 물려 아우성치는 소리가 들린다.

주가는 많이 오르면 떨어지고 많이 떨어지면 다시 오른다. 이게 주가의 중요한 기본 속성이다. 물론 경제 여건과 기업 환경에 따라 그 주기가 좀 달라질 뿐이지 '오르고 내린다' 라는 단순한 시장 속성은 주식 시장이 사라지는 날까지 계속 될 수밖에 없는 원리다.

그럼 꾸준히 수익을 내는 직장인 투자자의 매매 패턴을 살펴보자.

상위 5퍼센트 안에 드는 투자자들은 주식이 폭락할수록 눈에 불을 켠다. '뭐 먹을 게 없나?' 하고 찾아보기 위함이다. 그들은 이럴 때일수록 기대 수익률이 높아진다는 것을 경험으로 잘 알고 있다.

반대로 일반 투자자들은 이 시기에 몸을 상당히 움츠린다. 결국 싸게 살 수 있는 기회를 또 한 번 놓치게 되고 나중에 지수가 크게 오르기 시작하면 또 다시 뒤차를 타는 실수를 하는 악순환을 계속 반복한다.

일제히 매수를 하는 대부분 투자자들은 자신의 매수 주문으로 주가를 한층 밀어 올린다. 이러한 행동은 먼저 사둔 투자자를 기쁘게 하는 역할만 할 뿐이다.

남들보다 한두 발짝 앞서 가는 것이 투자의 기본이다. 일찌감치 사둔 주식은 나중에 나타난 사람들이 주가를 자꾸 밀어 올려줄 때 비로소 커다란 수익을 남기기 마련이다.

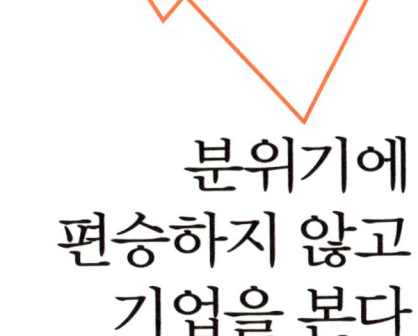

분위기에 편승하지 않고 기업을 본다

증권 회사에 아기 업은 아주머니가 나타나면 주가가 오를 때까지 올랐다는 속설이 있다. 지금은 시대가 바뀌어서 그런 광경을 보기 어렵게 되었지만 시대가 변한 만큼 다른 방법으로 확인할 수 있다.

그 좋은 예가 바로 인터넷 커뮤니티나 동호회에 올라오는 글의 양을 보고 판단하는 방법이다. 보통 주가가 크게 오르기 시작하면 주식 동호회나 관련 사이트에 가입자가 크게 늘고 관련 글도 상당히 많이 올라온다. 이런 경우 주식 시장이 상투권에 진입했을 가능성이 높다고 추측할 수 있다.

사실 분위기에 편승해서 주식 투자를 하는 사람들도 꽤 있다. 이 방식은 주가가 무한정 올라가는 장에서는 잠시 돈을 벌어줄 수 있다. 그러나 장기적으로는 결국 투자한 돈 모두를 날려버릴 수 있는 위험도 있다.

테마주가 대표적인 사례다. 광우병, 조류독감, 태양열, 남북 경협 등과 같은 소식만 나오면 관련 종목들이 급등하며 주가가 반짝 상승했다가 내림세로 반전하는 것을 종종 볼 수 있다. 그러나 전문가가 아닌 일반인들은 위험을 피하는 자세로 주식 투자를 시작해야 한다. 그럴려면 투자할 기업과 시장에 대해 최소한의 지식을 가져야 한다.

투자자는 여러 정보 소식통을 통해 관심 있는 주식이 현재 고평가됐는지, 아니면 저평가됐는지 확인해야 한다. 또 관심 주식이 동종 업종의 경쟁 회사보다 성장성이나 이익 창출 능력 등이 있는지 따져봐야 한다. 특히 해당 기업의 영업 능력, 이익 창출 능력, 배당 의지, 기술력, 경쟁 상황, 업계 현황 등을 종합적으로 감안해 적정 주가가 어느 정도인지 가늠해야 한다.

동종 업체 간의 기업 평가 방법

주가 수익 비율(PER)과 이비에비타(EV/EBITDA)가 기업 간 상대 가치를 비교 분석하여 평가하는 데 주로 쓰이는 지표이다. 주가 수익 비율은 '주가/주당 순이익'으로 해당 주가가 기업 이익의 몇 배 수준에서 형성되어 있는지를 말해준다. 가령 주가 수익 비율이 10이라고 하면 본인이 버는 이익의 10배 수준의 주가를 형성하고 있다는 뜻이다. 그러므로 주가 수익 비율이 10 이하일 경우 저평가되었다고 본다.

이비에비타는 기업 가치를 순수하게 영업 활동을 통해 창출한 이익으로 나눈 값이다. 이 역시 숫자가 작을수록 저평가되었다고 본다. 예를 들어 이비에비타가 5이면 이 회사를 인수해서 5년만 영업하면 회사를 인수하는 데 들었던 비용, 즉 본전을 뽑을 수 있다는 이야기다.

이해를 돕기 위해 다음 표를 보자.

우리투자증권의 HTS 재무제표

구분	우리투자증권 (005940)	삼성증권 (016360)	대우증권 (006800)	미래에셋증권 (037620)
시가 총액(억 원)	22,169	45,181	37,200	27,984
외국인 보유 비중(퍼센트)	14.9	18.6	13.1	12.7
price				
주가(원)	15,600	67,600	19,000	66,800
	08/07 09/07	08/07 09/07	08/07 09/07	08/07 09/07
valuation				
PER(주가 수익 비율)(배)	13.0	19.7	21.5	22.2
PBR(주가 순자산 비율)(배)	1.0	1.8	1.6	1.6
배당 수익률(보통주)(현금)	3.3	1.7	1.1	0.4
profitability				
ROE(자기 자본 순이익률)(퍼센트)	7.6	9.9	7.3	7.8
영업 이익률(퍼센트)	3.8	11.8	4.6	9.3
growth				
매출액 증가율(전년 동기 대비)(퍼센트)	84.6	31.6	20.4	41.9
영업 이익 증가율(전년 동기 대비)(퍼센트)	-41.1	-38.8	-55.9	-48.1
EPS 증가율(전년 동기 대비)(퍼센트)	-44.2	-35.9	-46.4	-52.9
타사 평균				
목표 주가(원)	22,435	82,425	26,500	94,125
PER(주가 수익 비율)(배)	8.4	14.1	11.3	14.3

* 재무 : 최근 결산 실적
* 타사 평균 : 당해 연도말 예상 실적
* 주가 : 전일 주가

우리투자증권의 주가 수익 비율은 13, 미래에셋증권의 주가 수익 비율은 22.2이다. 미래에셋의 주가는 본인이 벌어들이는 이익의 22배 수준에서 움직이고 있으며 우리투자증권보다 고평가되었다고 볼 수 있다. 물론 주가에는 회사에 대한 기대치와 다른 요소 등이 복합적으로 작용하기 때문에 주가 수익 비율 하나만 놓고 보기에는 무리가 있지만, 개념을 이해한다는 측면에서 본다면 우선은 위와 같이 이해해도 무리는 없을 것이다.

투자자는 자신이 사려고 하는 종목이 어떤 업종에 해당하는지를 확인한 후 그 종목이 업종 평균 주가 수익 비율에 비해 고평가 또는 저평가되어 있는지를 고려해야 한다. 중요한 것은 시장 상황이 아니라 기업을 제대로 보는 것이다.

여기에서는 이러한 용어를 이해하거나 개념을 정확히 알 필요는 없다. 이에 관한 자세한 것은 3부에서 설명하기로 한다.

증권면을
멀리 하고
산업면을
집중해서 본다

> 66 돈 되는 정보는 산업면에 몰려 있다 99

개인 투자 경력이 조금이라도 있는 사람이거나 평소 경제 신문을 즐겨 보는 투자자라면 항상 빼놓지 않고 보는 곳이 증권면이다. 본인이 주식에 투자하고 있으니 당연한 모습이다.

하지만 이 당연한 습관 아닌 습관 때문에 오히려 수익을 챙기고 리스크를 줄일 수 있는 기회를 날려버리는 경우가 많다. 자신도 모르게 남들이 다 보는 증권면을 보다가 어느새 대중과 함께 가는 실수를 하기 때문이다. 대부분 투자자가 경제 신문의 증권면만 눈여겨보고 다른 면은 그냥 지나쳐버리는 경우가 많다.

증권면에 나온 기사 내용은 어제 있었던 시황을 보여주는 것이다. 즉 어제와 최근의 시황을 설명하는 기사일 뿐이지, 오늘 혹은 내일의 주가를 일러주는 예보가 아니다. 이것을 아는 기자라면 벌써 자산운용회사의 대표로 스카우트되지 않았을까?

그럼에도 대부분 일반 투자자는 증권면에서 오늘의 주가나 향후의 주가를 찾아내려고 애쓴다. 숨은 그림이 없는데 숨은 그림이 있는 줄 알고 열심히 찾는 꼴이다.

증권면의 기사를 읽을 때에는 해당 기사를 접하고 '음, 이런 이유가 있어서 주가가 상승하는구나!' 하는 정도의 사후 정보로 해석해야 한다. 아울러 안목을 늘려가는 용도로 사용해야 한다.

신문이나 언론에 등장하는 뉴스나 기사는 기자가 쓰는 것이 아니라 각 증권 회사나 리서치센터에서 나온 자료를 싣는 것이다. 같은 분석을 놓고도 A 신문사와 B 신문사가 내용이 판이하게 다를 수도 있다. 견해가 다른 증권 회사 자료를 실을 수 있기 때문이다. 결국 전문가들끼리도 의견이 전혀 다른데 어떻게 증권면에 나오는 기사만 보고 향후 주가를 예측할 수 있겠는가?

증권면의 시황은 주식 투자자에게 상당히 우호적인 내용을 많이 담고 있다. 호재성 기사는 크게 처리하고 악재성 기사는 외면하거나 작게 처리하는 경우도 있다. 내일부터 주가가 안 좋을 것 같은 경우에도 '내일부터 주가가 하락할 것 같다' 는 표현보다는 '다음 달부터는 상승할 것 같다' 라고 쓴다. 어감과 뜻이 전혀 다르지만 책임 회피는 충분히 할 수 있는 아주 지능적인 기사이다.

물론 이런 기사가 나오는 데는 증권 회사의 입장(?)도 반영되기 때문이다. 주가 상승을 예견할 때는 대서특필을 하며 크게 발표할 수 있지만 주가 하락을 예견할 때는 많은 이해 관계자들에게 욕먹을(?) 각오를 해야 한다. 손실이 많이 나고 있는 개인 투자자들의 항의 전화나 촛불 집회(?)도 감내해야 하기 때문이다. 그러다 보니 직설적으로 표현을 못하고 돌려서 이야기하는 경우도 있다.

꾸준히 수익을 내는 상위 직장인 투자자들은 증시 관련 기사를 나름대로 해석하는 방법도 알고 있다. 증권 회사의 리서치센터에서 나오는 자료를 보면 완곡하게 표현된 문장이 많은데 대표적인 예가 '반등 시 매도, 저점 매수' 등이다. 이런 말이 나온다고 해서 말 그대로 반등 시 매도하고 저점에서 매수하면 절대 안 된다.

반등할 때 매도하라고 하면 대부분 사람은 '오냐, 반등만 해라. 내가 매도할 테니.' 라고 생각하며 때를 기다린다. 그래서 주가는 실제로 반등하지 못한 채 그냥 하락하고 만다.

'저점 매수'라는 말도 참 웃기는 이야기다. 주식을 매수하려는 사람은 당연히 싸게 사려고 한다. 그런데 오늘 주가가 상한가에 시작해서 상한가로 끝나버린다면 이 상한가가 바로 저점이 된다.

저점은 장이 끝나고 나서야 명확하게 알 수 있지 장 중에는 알 수 없다. 저점 매수라는 말은 어떻게 보면 무책임한 말장난으로까지 들리기도 한다. 그래서 저점 매수라는 말은 시황 분석가가 "나는 잘 모르겠다."라고 이야기하는 것과 같다.

'현금 비중 확대'라는 말이 나오면 '일단 팔고 봐라'라는 소리로 알아들어야 한다.

산업면이 이로울 때가 더 많다

산업면은 기업이나 산업 환경에 대해 객관적인 통계 자료나 분석 자료를 내놓는다. 복잡하게 증권 관계자와 일반 투자자들과의 이해관계가 얽혀 있지 않고 있는 그대로 사실을 전달한다. 꾸준히 수익을 내는 상위 투자자들과 센스 있는 여성 투자자들이 이 내용을 알고 적극적으로 활용하고 있다.

다수 일반 투자자들을 보면 경제 신문과 인터넷 뉴스만 탐

독하고 일간 신문은 소홀히 하는 사람이 많다. 하지만 센스 있는 투자자들은 일간 신문에 유용한 정보가 많다는 것을 이미 경험으로 알고 있다. 일간 신문이나 산업면을 보면 경제 신문이나 증권면에서 미처 다루지 못한 부분에 많은 도움을 받을 수 있다. 필자 역시 지금도 증권면은 단순한 참고 수준으로 보고 일간 신문이나 산업면을 눈여겨 읽는다.

쉬운 예로 최근에는 고유가로 대체 에너지 관련 종목에 대한 뉴스가 많이 나오는데 뉴스는 기업 자체보다 현재 이슈가 되는 관련 종목의 기업명과 시세를 주로 언급하고 정작 기업에 대한 내용은 희박하다. 하지만 산업면은 관련 종목 기업의 자세한 정보와 산업 내용 등을 실어 누구나 쉽게 판단할 수 있도록 해준다.

현금이 최고의 미인주라는 것을 알고 있다

❝ 개인 투자자의 마음은 늘 급하다 ❞

개인 투자자는 거의가 계좌에 항상 주식이 있어야 마음을 놓는다. 계좌에 주식이 없으면 대부분 개인 투자자들은 안절부절못한다. 잔고에 주식이 없는 틈을 타 꼭 주가가 폭등할 것 같은 기분이 들기 때문이다. 그래서 항상 잔고 대부분이 주식으로 채워져 있다. 하지만 돌이켜보면 1년 중 주가가 오르는 날보다 내리는 날이 더 많은 것이 현실이다.

현금을 가지고 있을 때 마음이 불안하다는 것은 그만큼 투자 경험이 적고 준비가 되어 있지 않다는 이야기다. 늘 잔고에 주식을 채우려는 생각은 단기간에 높은 수익을 올리려고 하는 마음에서 비롯한 것이다. 이런 마음을 지니고 있다면 조바심에서 벗어날 수 없다. 조바심, 조급증이 주식을 하는 사람에게 좋은 결과를 준 경우를 본 적은 없다.

이런 현상이 나오는 이유 중 또 다른 하나는 기대 수익률 때문이다. 꾸준한 수익을 만들어가는 투자자와 일반 투자자는 본인이 원하는 수익률에서부터 차이가 크게 난다.

상위 투자자들은 적정선(?), 즉 은행 금리를 기준으로 해서 조금 더 높은 수익을 얻고자 한다. 그러다 보니 실제 나오는 수익이 본인이 애초에 세웠던 수익보다 훨씬 높게 나오는 경우도 있다.

하지만 일반 투자자들은 뚜렷한 목표 수익도 없거니와 '일단 수익이 높으면 좋은 게 아니겠어.' 라고 단순하게 생각한다. 손해를 볼 수도 있다는 것에 대해서는 준비를 안 하고 있는 것이다. 그래서 적정한 선에서 팔지 못하고 늘 과욕을 부린다. 과욕은 적절한 시기의 매도 타이밍을 놓치는 결과를 초래한다.

일반 투자자들은 대개 종합 주가 지수의 상승폭만큼 수익률을 내는 것에 만족하지 못하는 성향이 있다. 종합 주가 지수의 상승폭만큼 수익을 올리는 투자자도 많지 않은 현실에서 그 이상의 수익을 원하는 것이다.

이런 현상은 투자 금액 자체의 차이에서도 비롯된다. 이미 꾸준한 수익으로 자산 규모가 커져 있거나 소위 부자 대열에 들어선 투자자들은 투자 금액이 일반 투자자들보다 큰 경우가 많다. 1억 원을 투자해서 얻은 10퍼센트의 수익 1천만 원과, 1천만 원을 투자해서 얻은 10퍼센트 수익 100만 원은 같은 수익률이지만 액수로 본다면 상당히 큰 차이가 난다. 이런 차이로 일반 투자자의 마음은 늘 급하다.

꾸준히 수익을 내는 투자자들에게는 또 다른 공통된 뚜렷한 특징이 있는데 종합 주가 지수의 상승폭보다 본인의 수익률이 높으면 초과 수익에 대해서 감사함을 느낀다는 것이다. 잘못된 투자 결과가 나와도 애초에 그 부분을 염두에 두었기 때문에 괴로워하거나 당황해 하지 않는다. 다만 무엇이 잘못되었는지 찾아보고 시행착오를 줄여간다.

이러한 차이점이 점점 상위 투자자와 일반 투자자의 격차를 더욱 벌어지게 한다. 누적 수익률이 점점 차이 나는 것도 물론이고 말이다.

현금보다 앞서는 종목은 없다

시장에서 지속적인 수익을 챙기는 투자자 계좌에는 항상

현금이 있다. 하지만 일반 투자자들은 현금을 가지고 있으면 불안해 한다. 이는 정말 잘못된 투자 습관인데 일반 투자자들은 현금을 주식으로 가지고 있으면 자산이 감소할 위험이 있다는 생각은 안 한다. 오직 주가가 올라서 수익을 본다고만 생각하지 손실을 볼 수도 있다는 염려는 하지 않는다. 그리고 손실이 나기 시작하면 직장일도 손 놓고 오직 어떻게 하면 본전을 챙길까에 골몰한다. 일반 투자자들이 수익에 초점을 맞춘다면 상위 투자자들은 리스크에 초점을 맞춘다.

주식 시장은 언제 악재가 돌발할지 아무도 모른다. 현금은 그럴 때 든든한 지원군이 되어준다. 현금은 수익을 극대화하는 최고의 상품이다. 후에 좋은 종목을 싸게 맞바꿀 수 있는 우대권이란 말이다.

주식을 사고 싶을 때마다 현금을 쌓아라. 원칙 없이 주식을 충동 매수하고 싶어지면 주식을 샀다 생각하고 현금을 또 쌓아라.

매수는 정확한 위치에서 제대로 된 가격에 해야 의미가 있다. 단순히 오를 것 같아서, 좋아 보여서 주식을 사는 순간 이미 그 투자에서 실패할 확률은 50퍼센트 이상이라는 것을 명심해야 한다. 이는 안타깝게도 주식 투자로 실패한 주변 사람들의 사례를 보면 쉽게 판단할 수 있다.

소위 단기 투자로 성공했다는 사람들은 전체 주식 투자 인구 중 겨우 3퍼센트밖에 안 된다. 하지만 그 3퍼센트 안에 드는 사람들 중 90퍼센트 이상이 깡통을 2회 이상 차고 많은 고생을 했다는 사실을 기억해줬으면 하는 바람이다. 현재 상위 5퍼센트 안에 드는 사람들은 대부분 장기 투자 습관과 지금까지 이야기한 것을 빠짐없이 공통점으로 지니고 있음을 인식해야 한다.

간혹 신문이나 뉴스에 급등주 매매나 테마주 등의 단기 매매로 몇 달만에 수억 원씩을 번 사람들의 이야기를 보며 내가 그 주인공이 되길 바라는 잘못을 저지르기 말기 바란다. 장담컨대 그런 일은 로또 당첨보다 확률이 더 낮다. 주식 투자가 더 위험한 것은 손에 잡힐 듯하면서 잡히지 않다 보니 결국에는 모든 재산을 탕진할 수 있는 지름길이 될 수 있기 때문이다.

현금 보유도 하나의 포트폴리오다. 보유하고 있는 종목 중 어떤 것보다도 내재 가치가 뛰어나다.

투자 기간이
대체로 길다

　투자를 잘한다는 사람들이 느긋한 마음과 유연한 사고로 주식을 바라볼 때 일반 투자자들은 조급한 마음과 경직된 사고로 주식을 바라보는 경우가 많다. 소위 상위권의 수익률을 내는 투자자들은 재산을 증식하는 한 방편으로 주식을 활용하려 한다. 그들에게 주식은 긴 시간을 두고 함께 가야 하는 친구 같다.

　하지만 일반 투자자들은 주식 시장이 활황일 때만 잠깐 들어와 수익을 챙기고는 금방 빠져나가려고 하는 성향이 강하다. 주식 시장에 계속 발을 담그기보다는 그저 장이 좋으면 살짝 들어와 열매만 따먹고 나가겠다고 생각한다.

　그러나 주식 시장이라는 곳은 그렇게 녹록한 곳이 아니어서 잠깐 발을 담그겠다고 했다가 깊이 빠져드는 경우가 허다하다.

높은 수익을 내는 투자자들에 비해 일반 투자자들의 수익률이 낮은 이유는 다음 두 가지로 볼 수 있다.

첫째는 투자 기간이 짧다.

다시 말해서 주식 시장의 약세 국면과 강세 국면을 다 함께 경험하는 사람들은 상위 투자자들이고 강세 국면만을 경험하는 사람들은 일반 투자자들이다. 높은 수익률을 올리는 투자자들은 약세 시장에 매입한 주식을 강세장에 매도하고, 강세 국면에 참여한 일반 개미 투자자들은 남들보다 한발 앞서 투자한 사람들의 주식을 산다. 그러다 보니 내가 사면 떨어지고 내가 팔면 오르는 악순환이 수십 년간 반복되고 있다.

둘째는 투자 자금의 성격이 다르다.

일반적으로 높은 수익을 내는 투자자들의 자금은 여윳돈이다. 단순히 1~2년이 아니라 조금 과장해서 말하면 없어도 될 정도의 여유 자금이다. 그러다 보니 우량주가 일시 하락하는 장에서도 느긋하게 기다릴 수 있다. 이러한 투자 습관 덕분에 수익은 계속 누적된다.

이에 반해 일반 투자자들의 투자 자금은 가계 자금인 경우가 상당히 많다. 이 돈이 없으면 조만간 생활에 타격을 입을 수도 있다. 심지어는 은행과 제2금융권에서 대출을 받아 투자하는 경우도 많다.

이런 현상은 대부분 상승장에서 쉽게 목격되는데 아쉽게도 상승장도 특수한 경우가 아니고서는 오르는 기간이 1년이 채 안 된다. 그러다 보니 수익 좀 나다가도 지수가 하락하면 "어, 어!" 하다가 손실을 보게 되고 대출 이자와 시세 하락으로 이중고를 겪게 된다. 이런 현상은 조급한 마음에서 비롯된다.

여유 자금이 없기 때문에 짧은 시간 안에 돈을 벌어야 한다는 조급함, 부자 투자자들보다 액수가 적기 때문에 크게 벌어야 한다는 욕심, 일반 투자자들에게는 주식 매매 시 반드시 피해야 할 이 두 가지 심리적 특징이 많이 나타난다.

주식은 누가 먼저 1등을 하느냐가 아니다. 누가 짧은 기간에 더 높은 수익률을 올렸느냐 하는 수익률 대회를 하기 위한 것도 아니다.

재테크의 한 수단으로 은행 이자보다 조금 더 벌어보자고 하는 것이 주식이다. 그러나 조급함과 욕심을 조절하지 못한다면 그 어떤 분석과 자료도 무용지물이 될 것이다.

주식 시장의 상승과 하락 흐름도

일반적으로 주식 시장은 실적 장세와 금융 장세, 역실적 장세와 역금융 장세라는 것으로 나누어진다. 계절에 비유하면 금융 장세는 봄, 실적 장세는 여름, 역금융 장세는 가을, 역실적 장세는 겨울이라 할 수 있다.

실적 장세는 기업들의 실적이 좋아져서 주가가 오른다. 그동안 실적이 좋지 않았던 기업들이 실적이 좋아지면 배당도 하고 유보도 쌓을 수 있기 때문에 발 빠른 부자 투자자들은 이 단계에서 적극적인 매수에 나선다. 그래서 수익을 내는 투자자들의 매수는 장기 투자로 이어진다.

경기 변동에 따른 시장 동향 움직임

지수 위치		지수 움직임	개미 투자자 모습
금융 장세	봄	슬슬 주식이 움직임	관심 안 보임
실적 장세	여름	본격적으로 화끈하게 오름	의심의 눈초리와 동시에 관심도 보이기 시작함
역금융 장세	가을	슬슬 불이 꺼져감 (약 조정세로 진입함)	여름 뒷자락에 수익을 맛보고 자금을 늘려 본격적으로 투자함
역실적 장세	겨울	좋은 날은 가고 온통 파란 불이 켜짐	조금 수익을 얻다가 손실을 보고 결국 장기로 가져가게 됨

이러한 실적 장세가 전개되면 전반적인 주식 시장 분위기도 좋아져 조그만 호재에도 주가가 오르는 경우가 생긴다. 이것을 금융 장세라고 하는데 기업 실적보다 돈의 힘으로 밀어붙이는 뜨거운 장세다. 이 장의 특징은 급격한 상승세를 보인다는 점이다. 그래서 신문에는 연일 과열이라고 나오지만 그래도 주가는 끝내 올라간다.

일반 개미 투자자들은 금융 시장이 뜨거워지면 마음이 동하기 시작한다. 옆에서 누가 무슨 주식으로 얼마를 벌었다는 소문이라도 들으면 귀가 더욱 솔깃해진다. 그리고는 그 사람들처럼 투자를 할까 말까 고민한다. 설사 투자하기로 마음을 먹더라도 언제 주가가 하락할지 몰라 늘 걱정한다. 그래서 매입한 주식이 조금만 올라도 언제 빠질지 모르는 두려움 때문에 얼른 판다. 하지만 이때는 주가가 탄력을 받아 강세를 보이는 시기라서 이내 주식을 판 것을 후회하고 재매수를 하는데, 대부분 그 타이밍은 주가가 천장에 다다랐을 경우가 많다.

역실적 장세는 실적 장세와 반대되는 경우로 실적이 좋지 않아 주가가 하락하는 싸늘한 장세이고, 역금융 장세는 금융 장세와 반대되는 경우로 돈이 부족해 주가가 하락하는 썰렁한 장세다.

상위 5퍼센트에 들어간다고 자타가 공인하는 센스 있는 투자자들은 네 가지 장세를 모두 경험하고 강세 국면과 약세 국면의 대처 방법을 터득한 사람들이다.

반면 개미 투자자는 실적 장세와 금융 장세만 좋아하다가 본의 아니게 역실적 장세와 역금융 장세까지 끌려가는 경우가 많다. 심지어는 몇 년 동안 묶여서 사계절 장세를 모두 체험만 하다가 끝내는 투자자들도 있다.

똑소리 나는 주관이 있다

똑똑하게 수익 내는 투자자들에게는 또 다른 공통점이 있다. 그들은 그 자리에 이르게 되기까지 많은 의사 결정의 순간과 숱한 고비를 넘겨왔다. 그러다 보니 주식 투자에도 뚜렷한 주관이 있다. 절대로 시황이나 전문가의 말에 휘둘리지 않는다는 것이다.

상위 5퍼센트 투자자들은 주식을 매수하거나 매도할 때 자신의 주관에 맞지 않으면 행동으로 옮기지 않는다. 투자 조언을 해주는 증권 회사나 전문가들의 말을 믿지 못해서가 아니라 자신의 상식으로 이해되지 않기 때문이다. 그들은 조금이라도 모르거나 미심쩍은 부분이 있으면 과감하게 이야기하거나 확실하게 알고 넘어가려 한다. 때로는 증권 회사의 젊은 직원들이 생각지 못한 부분까지 지적하기도 한다.

 필자의 경험에 의하면 계속 수익을 내는 투자자들 중에는 귀가 얇은 사람은 없었다. 나름대로 경험과 주관이 있어 일반 투자자보다 사리 판단력이 앞선다. 주식을 팔고 난 다음 주가가 오르거나, 사고 난 다음 주가가 빠져 증권 회사 직원이 미안해 하면 오히려 위로해주는 배포도 있었다. 이런 배려(?)는 '당신 잘못만은 아니다. 나도 수긍하고 같이 행동한 것이기 때문에 어찌 보면 나 자신에게 책임이 있다' 라는 생각에서 나온다.

 상위 투자자들은 손실을 금새 털어버리고 다음 투자에 신경을 쓴다. 과거의 손실에 집착하고 괴로워하는 일반 투자자와 확연히 구분되는 모습이다.

 이 두 부류의 투자자들에게는 차이가 한 가지 더 있다. 개미 투자자들이 계속하여 실패를 반복하는 이유 중 하나는 자신의 투자 원칙이나 소신을 따르기보다 루머에 사고 루머에 파는 성향이 강하기 때문이다. 주식 시장은 뉴스와 루머가 판을 치고 복잡한데 이들은 남의 말에 혹하고는 결국 후회한다. 대부분 일반 투자자들이 이런 유형에 속하다 보니 수익률이 늘 저조하다.

 예를 들면 거래처 직원이나 잘 아는 사장님이 특정 회사에서 곧 신약 개발을 한다든지, 대형 계약을 따낸다든지 하는 등의 이야기를 듣고 묻지마 투자를 하는 경우이다. 이런 투자를 할 경우 90퍼센트 이상이 손해를 보게 되어 있다.

그런 돈 되는 정보가 일반인인 '나에게까지' 왔다는 자체가 이미 투자 가치가 없다는 말이다. 기업 펀더멘털(fundamental : 국가 경제 따위에서 기본적인 내재 가치를 나타내는 기초 경제 여건) 자체에 변화가 있는 게 아니라 뉴스나 신문에 오르내리는 주식은 얼마 지나지 않아 큰 폭락을 하는 경우가 더 많다(코스닥 저가주인 경우).

투자를 할 때는 루머가 아니라 소신과 주관을 갖고 기업의 펀더멘털과 성장성에 맞춰야 함을 잊지 말아야 한다.

잘 아는 기업에만 투자한다

"이마트를 보고 신세계를, 애니콜 휴대폰을 보고 삼성전자를, 내비게이션을 보고 팅크웨어를 매수했습니다."

주식으로 수익률을 높이 올린 한 투자자의 말이다.

누구나 투자를 하다 보면 친근하게 느껴지는 업종과 회사가 보이기 마련이다. 필자는 유통주에는 관심이 없었는데 이마트가 생기면서 신세계라는 회사에 관심을 가지게 되었다. 이마트에 사람들이 북적되는 것을 보고 이마트를 소유하고 있는 신세계가 성장할 수 있는 발판을 마련했다고 생각했다. 주식이 가장 크게 오르는 경우는 턴어라운드(적자 기업이 흑자로 변해가는 과정) 기업이거나 회사 자체의 펀더멘털에 획기적인 변화가 있을 때이다.

신세계는 기존 백화점이 주 수익원이었으나 이마트라는 할인 매장을 앞세워 매출과 이익폭이 급격하게 증가하기 시작했다. 기존의 사업만으로는 원가 절감과 점유율 상승을 위한 노력을 하더라도 매출 증가가 큰 폭으로 개선되기는 어렵다. 먹을 수 있는 파이가 정해져 있기 때문이다.

하지만 새로운 사업은 기존 사업을 그대로 유지하면서도 높은 이익을 챙길 수 있게 하기 때문에 신세계는 기업 내 새로운 모멘텀(다른 방향이나 상태로 바꾸거나 바꾸는 장면)이 생긴 것이고 그것이 10만 원 대에 머물던 주가를 50만 원 이상으로 끌어올린 배경이 되었다.

요즘은 내비게이션이 거의 모든 자동차에 있을 정도로 대중화되었다. 이 내비게이션에 들어가는 맵을 만드는 대표적인 회사가 팅크웨어이다. 팅크웨어는 아이나비란 맵으로 자동차 내비게이션 시장을 거의 휩쓸 정도로 높은 인지도와 제품의 완성도로 많은 사랑을 받아왔고 회사의 주가 역시 큰 폭으로 올랐다. 이런 예는 생활 속에서 얼마든지 발견할 수 있다.

재무제표는 회사가 성장하고 난 이후에 발견되는 후행성을 띠고 있으므로 이런 지표가 작성되기 전 실제 해당 회사의 사업이 성황을 이루는지, 제품이 잘 팔리는지 등을 확인해보면 관련 정보가 시장에 알려짐으로써 주가가 상승하기 전에 해당 주식을 좀 더 싸게 매수할 수 있는 기회를 얻을 수 있다.

만약 이것이 힘들다면 이름만 대도 알 만한 국내 대기업 위주로 매매를 하는 게 좋다. 국내 업종을 대표하는 1등 회사는 세계적인 경쟁력을 확보하고 있으므로 지수가 하락하여 주가가 떨어져도 시간이 지나면 그 전 하락폭보다 더 많이 상승하는 경우가 많기 때문이다.

남들과 반대편에 선다

　IMF 당시 모든 사람들이 패닉 상태에 빠졌을 때 정말 단순한 방법으로 큰돈을 벌었던 사람이 있다. 누굴까?

　현재 미래에셋그룹 박현주 회장이다. 그 당시 금리가 20퍼센트에 육박하였는데 박현주 회장은 더 이상 금리가 상승하기 힘들 거라 보고 채권에 투자했다. 금리와 채권은 반대로 움직이기 때문에 남들보다 한발 앞서서 투자를 감행(?)했던 것이다. 그는 당시 갖고 있던 회사 투자 자금을 채권에 올인하였다. 생각대로 금리는 하락하기 시작하였고 박현주 회장은 큰 수익을 챙기고 지금의 미래에셋그룹을 세울 수 있는 초석을 다질 수 있었다.

　현재 시장도 저 당시와 비슷한 건 아닐까? 주변에는 펀드 손실로 시름시름 앓고 있는 사람이 상당히 많다. 왜 이런 현상이 20년이란 세월이 지났는데도 반복되는 것일까?

이유는 간단하다. 모든 사람이 좋다고 외칠 때 따라가고 모든 사람이 안 좋다고 외칠 때 함께 움츠리니 수익을 낼 수가 없다. 주식이란 제로섬 게임(zero-sum game : 참가자가 각각 선택하는 행동이 무엇이든지 참가자의 이득과 손실의 총합이 제로가 되는 게임)이므로 내가 수익을 보려면 누군가가 고점에서 주식을 사주거나 펀드에 가입해야 한다.

그런데 많은 이들이 한 방향으로 움직이니 소신껏 움직인 소수만이 이익을 챙기게 된다. 소수의 부자가 대부분 자산을 갖고 있다는 8:2 법칙이 주식 시장에서도 통하는 것이다.

큰 수익을 본 사람들은 2~3년 전에 가입했던 소수의 투자자들이고 현재 큰 손실을 보고 있는 사람들은 대다수가 1년 전에 대중과 함께 우루루 몰려 가입했던 이들이다. 대중과 함께 움직여선 먹을 게 없다. 현재 시장에 소신을 갖고 투자해야 한다.

투자를 할 때는 시장의 메커니즘과 투자자들의 심리를 파악하는 것이 중요하다. 전설적인 펀드 매니저였던 존 템플턴이 말한 가장 중요한 투자 법칙은 '비관적일 때 사고 낙관론이 우세하면 팔라' 는 것이다. 즉 대중과 함께 가는 곳에는 먹을 것이 없으므로 소수가 가는 길을 택하란 말과 통한다.

다이아몬드보다
아름다운
복리의 마술을
이용한다

중학교 때 선생님께 이런 질문을 받은 적이 있다.

"30일 동안 매일 100만 원씩 받을래, 아니면 매일 10원, 20원, 40원씩 배수로 받을래?"

복리의 원리를 알 턱이 없었던 나로서는 당연히 전자를 택했다. 그러나 매일 100만 원씩 30일 동안 받는 액수는 3,000만 원이 되지만 10원을 20원, 40원과 같이 배수로 더하여 받는 액수는 53억 원이 된다.

위 사례에서 보듯이 복리는 마법과도 같은 힘을 발휘하기 때문에 세계의 여덟 번째 기적으로 불리기도 한다. 아인슈타인조차 복리가 인간이 발명한 가장 위대한 업적이라고 말하지 않았는가.

한 가지 예를 더 보자.

1,000원으로 10퍼센트의 투자 수익률을 올린다면 최종 금액은 1,100원이 된다. 다시 이 금액을 그대로 투자하여 10퍼센트의 수익을 달성하면 1,210원이 된다. 처음 수익은 100원이지만 두 번째의 수익은 110원으로 늘었다. 수익은 시간이 길어지고 금액이 커질수록 기하급수적으로 증가한다.

복리의 핵심은 시간을 길게 해야 한다는 것이다. 다음 표를 보자.

투자 시기별 최종 수령액

5년 일찍 투자한 경우			5년 늦게 투자한 경우		
나이(세)	투자 금액(원)	수익률(연)	나이(세)	투자 금액(원)	수익률(연)
21	672,000		21		
22	14,246,400		22		
23	22,675,968		23		
24	32,117,084		24		
25	42,691,134		25		
26	54,534,070	12퍼센트	26	672,000	12퍼센트
27	67,798,159		27	14,246,400	
28	82,653,938		28	22,675,968	
29	99,292,410		29	32,117,084	
30	117,927,500		30	42,691,134	
…	…		…	…	
50	1,621,755,639		50	896,003,607	

〔투자 원금 : 월 50퍼센트〕

앞의 표에서 알 수 있듯이 수익률과 투자 금액은 동일하고 투자 시기만 다른 두 사람이 장기간 꾸준히 투자한 결과 최종 금액이 어느 정도 차이 나는가를 계산해보자. 두 사람 다 원금 3,600만 원을 들였지만 5년 일찍 투자한 사람과 5년 늦게 투자한 사람은 최종 금액이 7억 원을 훨씬 웃도는 액수만큼 벌어진다.

얼마를 투자하는가도 중요하지만 얼마나 일찍 투자를 시작하는가는 더욱 중요하다. 그러므로 복리의 마법을 마음껏 누리려면 조금이라도 일찍 시작하는 것이 유리하다. 남들보다 1년 앞서는 것이 노후에 가서는 10년 이상 앞서가는 결과를 가져올 수 있기 때문이다.

복리 투자는 수익률 차이가 엄청나다

복리 투자의 경우 1~2년이라도 먼저 시작하는 것이 중요함은 말할 것도 없거니와 연 3퍼센트 정도 차이만 나도 훗날 최종 금액의 규모 자체가 달라진다. 세 명의 투자자가 연금 펀드에 월 50만 원씩 적립하였는데 연 수익률이 A 투자자는 12퍼센트, B 투자자는 8퍼센트, C 투자자는 4퍼센트라고 가정하자. 그리고 그 결과를 알아보자.

투자 수익률별 최종 수령액

(단위 : 원)

나이(세)	투자 원금	A 투자자	B 투자자	C 투자자
21~25	2,500,000	42,691,000	38,015,000	33,797,000
26~30	5,000,000	117,927,000	93,872,000	74,918,000
31~35	75,000,000	250,519,000	175,945,000	124,947,000
36~40	100,000,000	484,192,000	296,000,000	185,815,000
41~45	102,500,000	896,003,000	473,726,000	259,870,000
46~50	105,000,000	1,621,000,000	734,075,000	349,970,000
...	...	...	...	...
60	110,000,000	5,100,000,000	1,678,000,000	592,000,000

　A 투자자는 51억 원, B 투자자는 17억 원, C 투자자는 6억 원 정도의 수익을 거둔다. 첫해 2~3퍼센트 수익 차이는 나중에 돈을 찾을 때 빌딩을 살 수 있느냐, 아파트를 살 수 있느냐 정도로 그 차이가 확연히 달라진다. A와 B 투자자는 처음 5년 동안 수익이 원금 대비 1.1배 수준만 벌어지지만 40년 후에는 원금 대비 30배가 넘는 차이가 난다.

　복리를 가장 효과적으로 누리려면 투자를 일찍 시작하고 가능한 한 1퍼센트라도 더 높은 곳에 자금을 운용해야 한다.

TIP

엑셀이나 웹상에서 '복리 계산기'를 이용하면 쉽게 복리 계산이 가능하다.
다음 공식을 이용하면 복리를 계산할 수 있다.

$$FV = PV(1+I) \times N$$

FV = 미래에 얻게 될 금액   PV = 현재 금액
I = 투자 수익률   N = 투자 기간

루머로 돈 벌 확률은 1퍼센트 미만, 그 확률에 도전하지 않는다

유통업 종목인 '세이브존'이란 회사가 있다. 한때 이랜드의 적대적 기업 인수 합병이 이슈가 된 적이 있었는데 그 무렵부터 잊혀질만 하면 한 번씩 이랜드나 타 대형 유통업체에서 세이브존을 인수하여 영업점을 늘리려 한다는 루머가 나오곤 했다. 그러던 어느 날 유통업 쪽에서 일한다고 하는 어떤 사람이 이미 세이브존을 타 회사에서 인수하기로 된 것이 기정사실화되고 있다고 했다. 그러는 사이 주가가 급등하였는데 얼마 후 사실 무근으로 드러나자 주가는 제자리로 돌아갔다. 단 몇 일 사이 주가가 수십 퍼센트 하락한 것이다.

이 경우에는 사실 여부가 바로 드러났지만 대부분 루머는 진실 여부를 파악하기 힘들고 부정적인 영향이 크다. 그러므로 특히 직장인은 루머에 의존해서 주식에 손을 대면 안 된다. 하루하루 수익을 내려고 단기 매매를 하는 전업 투자자에게도 루머가 해롭기는 마찬가지다.

루머와 진실을 제대로 구분하라. 시중에 떠도는 루머만 믿고 주식을 매매하는 일반 투자자들이 종종 있는데 그들이 루머를 접하는 곳은 주로 술자리나 주식 관련 인터넷 사이트들이다. 술자리에서 누군가가 하는 이야기를 곧이곧대로 믿어서는 안 된다.

'저 이야기가 내게 들어올 정도면 이미 많은 사람들이 알고 있다. 그렇다면 저 정보가 과연 돈 되는 값어치가 있을까?' 라고 생각해보는 사람이 현명한 투자자이다. 그러나 나만 알고 있는 것이라고 믿거나 "너만 특별히 알려주는 거니깐 말하지 마."라고 하는 말을 순전히 믿는다면 당장 HTS를 덮는 게 돈 버는 지름길인지도 모른다.

필자의 경험뿐 아니라 다른 사람들의 사례를 보아도 루머로 돈 벌 수 있는 확률은 굉장히 희박함을 알아야 한다. 비단 지인을 통한 루머뿐 아니라 주식 관련 사이트에서 접한 루머도 마찬가지다.

"주식 시장의 정말 가치 있는 정보가 인터넷 사이트에 올라왔다."고 하는 말도 믿어야 할지 고민해봐야 한다. 저 사람은 왜 저런 극비 자료라는 것을 모든 사람이 보는 곳에 공개하는지 생각해볼 일이다. 물론 굉장히 좋은 의도로 그랬을 수도 있지만 그렇지 않은 경우가 더 많음을 명심하기 바란다.

빚더미에
앉게 하는
미수와 신용 대출은
쓰지 않는다

미수는 본인이 보유하고 있는 돈보다 더 많은 주식을 사는 경우에 발생한다. 주식 매매는 3일 결재이므로 주식을 산 후 3일 이내에만 돈을 갖다 넣으면 된다. 만일 3일 이내에 돈을 입금하지 못하면 그 계좌는 미수 동결 계좌로 처리돼 이후 한 달 동안 미수를 사용하지 못한다.

또한 4일째 되는 날 아침 동시호가(同時呼價 : 증권 시장에서 매매 거래를 할 때 동시에 접수되었거나 시간의 선후가 분명하지 아니한 호가. 매매가 시작되고 5분 동안 접수된 호가들과 거래소가 정한 종목의 종가를 결정할 때 시장 종료 전 5분 동안 접수된 호가들을 동시호가라고 하여 같은 시간에 접수된 것으로 간주하여 매매를 체결한다.)에 부족한 부분만큼 반대 매매를 하게 된다. 반대 매매는 시장에서 팔리는 가격에 의해 통상 하한가에 주문된다. 물론 동시호가이기 때문에 아침 시초가로 매도되지만 간혹 하한가에 거래되기도 한다.

신용 대출은 미수와 비슷한 점이 많다. 다만 기간이 3개월로 연장된다는 점이 다를 뿐이다. 다시 말해 신용 매매는 3개월간 증권 회사에서 미수금에 해당하는 돈을 빌려 주식을 매수하는 것이다. 미수와 신용 매매를 하는 이유는 '레버리지 효과' 때문이다. 이 경우 성공하면 2.5배의 이익이 발생하지만 실패하면 2.5배의 손실이 발생한다.

예를 들어 자신이 보유하고 있는 1,000만 원과 증권 회사에서 융자받은 1,500만 원으로 주식을 2,500만 원어치 샀다고 가정하자. 이 경우 주식이 10퍼센트만 상승하면 평가액이 2,750만 원이 되고, 이 중 증권 회사에서 융자받은 1,500만 원을 갚으면 수익은 1,250만 원이 된다. 즉 본인은 1,000만 원 원금으로 250만 원을 버는 것이기 때문에 수익률로 치면 25퍼센트가 된다.

각종 증권 회사에서 열리는 수익률 대회 게임 입상자에게서 한 달에 100퍼센트 이상의 수익률이 나오는 것도 비슷한 원리다. 매매를 할 때마다 미수 한도를 모두 사용하는 경우가 대부분이기 때문에 실제로 4~5퍼센트의 수익률이 나와도 원금 대비 10퍼센트에 가까운 수익이기 때문에 계좌의 자산은 기하급수적으로 커진다.

대부분 일반 투자자들은 이런 수익률에 혹한다. 실은 그 전문 투자자들은 -1퍼센트도 아닌 1호가만 본인이 산 가격보다 떨어져도 단 1호가만 손해보고 팔 정도로 손절매의 고수란 것은 모른 체 말이다.

그럼 미수를 사용했을 때 주식이 반대로 하락하는 경우를 알아보자. 위 투자자의 경우 주가가 10퍼센트 하락해서 1만 원에 산 주식이 9,000원이 되었다고 하자. 이 경우 평가액은 2,250만 원이 되고 증권 회사에서 융자받은 1,500만 원을 갚으면 수익은 750만 원이 된다. 즉 자신의 원금은 1,000만 원이지만 250만 원의 손실을 보게 된 것이고 손실률은 한 번의 매매로 25퍼센트가 나게 된다. 여기에 세금과 수수료를 포함하면 손실액은 더욱 커진다.

더욱이 미수의 경우는 3일 이내에 갚지 않으면 반대 매매가 이루어지기 때문에 버티고 버티다 3일째에 크게 손실을 보고 파는 경우도 많다. 보통 주가가 3일 빠지면 하루이틀은 반등하는데 이렇게 크게 손실을 보고 판 주식이 반등하는 모습을 보면 투자자 스스로 두 번의 고통에 시달리게 된다. 주식을 하며 가장 배가 아프고 속상한 경우가 내가 판 주식이 더 오르는 경우라고 하지 않는가?

이자 부담도 만만치 않다

미수 거래나 신용 거래 모두 증권 회사에 빚을 진 것이기 때문에 그에 상응하는 이자를 부담해야 한다. 일반적으로 3개월 동안 7~10퍼센트 정도의 이율을 내야 한다(증권 회사, 기준 금리에 따라 달라진다). 그리고 3개월이 지나면 주식을 팔거나 빌린 돈만큼 상환해야 한다.

손해를 본 상태에서 주식을 팔기는 어렵고 그렇다고 현금으로 상환할 형편도 되지 않을 경우에는 '신용 연장'이라는 수단을 이용하기도 한다. 하지만 손해보고 있는 주식을 신용 연장해서 이익을 보는 경우는 그다지 많지 않다. 신용 거래는 단기간에 승부를 내야지 길게 끌면 끌수록 손실이 더 커지는 법이다.

제발 부탁하건대 신용과 미수는 빚더미에 앉는 초고속 급행길이므로 피해야 한다. 미수로 더 빨리 원금을 불리고 싶은 충동이 들겠지만 주식 시장을 10년 이상 바라 본 결과가 그러하며 본인도 한때 미수를 써봤기 때문에 더욱 그 위험성을 잘 알고 있다. 원금이 두 배로 빨리 늘어나는 것이 아니라 늘어가는 것은 주름뿐이란걸 꼭 기억하기 바란다.

싸게 사려고
하지 않는다

일반 투자자들이 가장 많이 하는 실수 중 하나는 바로 주식을 바닥에서 사서 상투에서 팔려고 하는 것이다. 하지만 이는 사실상 실현 불가능한 일이다. 주식을 바닥에서 사서 상투에만 팔 수 있는 기법이나 방법은 없다. 절대 불가능하다고 자신 있게 이야기할 수 있다. 증시 격언에 "무릎에 사서 어깨에 팔라."란 말도 있지 않은가.

필자도 주식을 바닥에서 사려고 애썼던 적이 있다. 그리고 각종 고수들의 매매 기법이나 여러가지 보조 지표, 기본적인 분석, 차트 매매 등 다양한 것을 동원해도 결코 그 비결은 찾을 수 없었다. 물론 애초에 불가능한 일이었겠지만 말이다.

싸게 사려고 하다가 추가 하락으로 이어지고 상투에서 팔려고 하다가 결국 매도를 못해 손실을 보거나 이익폭이 크게 줄어드는 경우도 있다. 이것은 주식을 평생 해온 사람에게도 피하기 어려운 일이다.

필자는 수익률이 높은 고객 몇 분에게 그냥 주식을 파는 것이 아쉬워서 좀 더 수익을 낸 후에 팔자고 권유할 때가 있는데 그분들은 별 욕심 없이 매매를 단행하곤 한다. 욕심 없는 매매는 그때마다 빛을 발한다. 아이러니하게도 그분들의 수익률이 가장 좋다. 그분들은 항상 주가가 더 오를 것 같거나 더 빠질 것 같을 때 '적당한' 가격 선에서 매도하는데 신기하게도 그 다음날부터 주가가 빠지기 시작한다.

필자가 '맛사단('맛있는 사과'라는 닉네임을 가진 필자와 함께 매매하는 투자자들을 가리키는 말)'에게 유독 강조하는 말이 있다.

"다른 사람들도 먹고 살아야 하지 않겠습니까? 우리는 여기서 매도하고 나머지 부분은 다른 분들에게 드립시다."

또한 매도한 종목이 많이 오르면 "우리가 팔았기 때문에 주가가 올랐지 계속 보유하고 있었으면 오르지 않았을 것입니다."라며 아쉬운 마음을 달래기도 한다.

다시 한 번 말하지만 주식을 상투에서 최고가에 판다는 자체는 불가능하다.

저점 매수보다 중요한 것은 추세를 확인하는 것이다

저점 매수와 고점 매도를 하려는 것보다 중요한 것은 추세를 확인하는 것이다. 주식은 바닥에서 사려고 하지 말고 추세 변환을 확인한 다음에 사는 것이 현명하다.

하락세를 보이던 주가가 일시적으로 상승세로 돌아섰다고 해서 조급하게 매수하지 말고, 적어도 바닥에서 10퍼센트 이상 올라왔을 때를 노려야 한다. 주식 시장에서 하락 추세에도 일시적으로 반등 국면이 나타나기 때문에 10퍼센트 이상 상승해야 진정한 추세 전환이 이루어졌다고 볼 수 있다. 실제로 주가가 약세장일 때는 10퍼센트 이상 반등하지 못하고 올라오는 모양새를 보이다가 재차 하락한다.

만약 추세 변환을 지켜볼 여유가 없어서 굳이 바닥에서 사야겠다고 생각한다면 분할 매수로 접근하라. 본인이 생각하기에 바닥이라는 확신이 들 때 주식을 사는 것이다. 이 방법은 정확한 바닥은 아니더라도 바닥권에서 주식을 살 수 있는 하나의 방법이다.

하지만 종목 선정 등을 할 때는 향후에 성장성이 있는 것을 선택해야 한다. 실적이나 비전이 없는 회사의 주식을 바닥에서 사겠다고 계속해서 주가가 떨어지는데도 연속 물타기를 했다가는 돌이킬 수 없이 그 종목을 수년간 쥐고 있어야 할지도 모른다. 정말 고수는 계속 하락하는 신저가 종목이 아니라 가장 비싸도 과감하게 신고가 종목을 산다.

테마주는 단기 매매로만 활용한다

주식 시장을 바라보면 매년 새로운 테마주가 등장한다. 시대의 패러다임에 맞춰서 녹색 성장, OLED(organic light emitting diodes), 신생 에너지, 4대강 등 그해 이슈가 되는 산업 정책이나 신기술 사업 종목은 자금이 몰리며 강한 시세를 나타낸다.

얼마 전 녹색 성장의 일환으로 자전거 테마가 뜨면서 단기간에 400퍼센트 이상 상승한 종목이 있다. 상식적으로 이해가 되는가? 겨우 한두 달 사이 주가가 원금 대비 4~5배 상승한 것이 말이다. 이는 펀더멘털에 비례한 것이 아니라 단순히 인기 과수급에 의해서 올랐기 때문이다.

필자는 주식을 크게 펀더멘털이 받쳐주는 우량주와 인기로 먹고 사는 테마주로 나눈다. 그리고 테마주는 잘못 샀다가 손실이 나면 평생 가도 내가 매수한 가격이 오지 않는 부실 잡주라고 생각한다.

  단기간에 저렇게 오른 종목을 2만 원에 사서 50퍼센트 손실을 보고 1만 원이 된 것과 POSCO 같은 종목을 50만 원에 사서 50퍼센트 손해를 보고 25만 원이 된 것과는 확연하게 다르다. 후자와 같은 우량주는 추가로 저점에서 분할 매수하여 단가를 낮출 수 있다. 하지만 전자와 같은 테마주는 심할 경우 상장 폐지되거나 주가를 띄우고 유상증자(有償增資 : 새로운 주식을 발행함으로써 자금을 새로 조달하여 자본을 늘리는 일), 감자(減資 : 자본 감소)를 당할 수도 있으므로 섣불리 추가 매수를 할 수도 없다. 오직 큰 손실을 감내하고 실행하는 손절매밖에는 방법이 없다.

  철저하게 단기 매매로 손절매와 이익 실현을 명확하게 생각하는 것이 아니라면 테마주는 애초에 관심을 갖지 않는 것이 계좌의 잔고를 유지하고 정신 건강을 돕는 방법이다.

부도 위험이 있는 주식

주식 투자를 하면서 가장 마음고생이 심할 때는 보유하고 있는 주식에 손실이 발생할 때다. 이때는 지금이라도 주식을 손해보고 팔아야 하나, 좀 더 가지고 있어야 하나 하는 고민에 빠진다. 때로는 나중에 부도가 나는 것은 아닌지 고민을 하기도 한다.

우량 종목의 주가가 일시적으로 하락한다면 시간이 흐른 뒤 오를 수도 있겠지만 저가주나 부실 잡주, 테마주의 경우는 지속적으로 하락해서 결국 부도를 맞는 경우가 있다. 오너가 회사 자금을 횡령하는 사건도 심심치 않게 일어난다.

애초에 부도 가능성이 있는 종목을 매매하면 안 되지만, 만약 고민이 된다면 최소한 부채 비율과 금융 비용 부담률, 이자 보상 비율 등을 확인해야 한다.

부채 비율로 얼마의 빚을 지고 있는지 알 수 있고 금융 비용 부담률로 매출액의 얼마 정도가 빚을 갚는 데 들어가는지 파악할 수 있다. 당연히 부채 비율과 금융 비용 부담률이 낮은 회사는 안전성이 뛰어나 부도 위험이 적고 이 수치가 높은 회사는 부도 위험 또한 높다.

H 자전거

2009년 녹색 성장 테마가 불면서 급등한 주식. 과연 이 회사의 펀더멘털이나 성장성이 주가를 10개월 만에 3,000원대에서 3만 원 대로 10배 이상 상승시킬 수 있는 회사였는지를 조사해봐야 한다. 이렇게 주가를 상승시켜 놓고 감자나 대규모 유상증자 등을 당하는 경우도 많고 심지어 상장 폐지로 이어지는 경우도 있기 때문이다.

2 최적의 매매 타이밍

언론을 이용한
매수·매도
타이밍

❝ 주식 투자를 할 때 가장 중요한 것은 대중의 움직임을 파악하는 것인지도 모른다 ❞

대중을 대변하는 대표적인 것은 바로 텔레비전, 신문 같은 언론 매체다. 과거에는 객장에 아기를 업은 아주머니가 등장하면 주가 상투(최고로 오른 주식 시세를 속되게 이르는 말)라는 말이 있었다. 지금은 전광판도 사라지고 대부분 투자자들이 객장에 나가지 않고 온라인상으로 실시간 등락을 확인하지만 그러던 시절이 있었다.

대중의 움직임을 확인할 길이 없는 것은 아니다. 현재는 인터넷 사이트나 카페의 주식, 펀드 게시판에 글이 올라오는 수를 보고 과열 여부를 판단하기도 한다. 주식책이 잘 팔리거나 하면 시장이 과열권에 접어들고 있다는 의미이기도 하다. 이것이 계량화하고 수치화한 과학적인 분석법이라고는 할 수 없지만 때론 이런 원시적인(?) 방법이 시장을 판별하는 데 더욱 효과적이다.

고점·저점 찾기

언론 매체를 어떻게 이용(?)해서 매수·매도를 할 것인가? 크게 다음 두 가지로 볼 수 있다.

첫 번째는 정석적 분석이 바로 그것이다. 신문을 보면 '최대, 호황, 대세 상승 ○○○○ 포인트까지 간다' 라는 문구를 자주 접할 수 있다. 이것은 객장의 아줌마 이론과도 비슷하다고 생각하면 된다.

이 시기는 웬만한 악재가 나와도 전부 묻히는 때다. 이미 지수는 탄력을 받고 거칠 것 없이 하늘 높은 줄 모르고 오른다. 명심할 것은 이런 현상이 나타나면 2~3주 최고점을 찍을 확률이 굉장히 크다는 것이다.

두 번째는 정량적 분석 방법이다. 거래량과 거래 대금을 분석하는 이 방법이 가능한 것은 과열권이나 상투권에서는 많은 투자자들의 관심이 늘어나므로 활발한 거래가 이루어지며 거래 대금이 늘기 때문이다.

다음 두 개의 차트는 종합 주가 지수와 거래 대금을 표시해 주고 있는데 거래 대금이 급증했을 경우 상투라는 것을 알 수 있다. 하지만 많은 투자자들은 이런 분석이나 뉴스보다 시황에 휘둘려 제대로 투자를 못하는 경우가 더욱 많다.

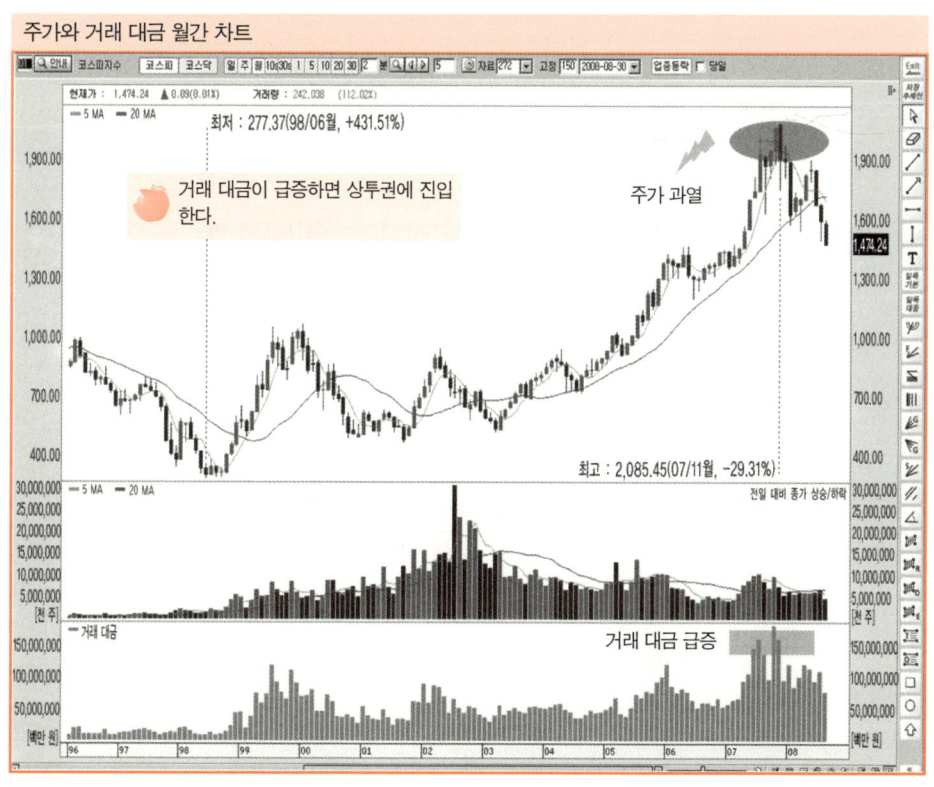

선물 옵션 만기일로 보는 언론 정보

> ❝ 언론상에 많은 사람들이 공통된 한 목소리를 내면 반대로 가라 ❞

신문을 통해서 시장의 관심이 어디로 쏠려 있는지 분석하는 것은 시장 분위기를 파악할 때 주로 사용하는 방법이다. 텔레비전과 신문에서 모든 전문가들이 그 여느 때보다 많은 대규모 옵션 만기 매물로 시장이 크게 하락할 것이라고 한 목소리를 낼 때가 있다. 하지만 실제 시장에서는 많은 사람들이 동일한 생각을 하고 있을 때 결과가 반대로 나오는 경우가 굉장히 많다.

실제 옵션 만기 당일 주식 시장은 어떠했을까? 여러 번에 걸쳐 옵션 만기 당일, 전문가들의 의견을 실은 신문 등을 놓고 실제 시장과 비교하였을 때 예상한 것과 반대의 시세가 나오는 경우가 많았다.

주식 시장에서 중요한 것은 우리 눈앞에 보이는 시세가 정답이란 것이다. 각 증권 회사나 텔레비전에 나오는 시황 등은 단지 참고만 해야 하는 것이며, 언론에서 나오는 이야기가 정답은 아니다.

신문 기사를 통한
종목 발굴법

❝ 경제 신문은 산업면을 유심히 봐라 ❞

　투자 경력이 쌓이고 많은 실전 투자를 경험한 사람과 이제 막 주식에 입문하거나 경험이 없는 사람에게 신문을 주었을 때 확연하게 다르게 나타나는 특징이 있다. 전자는 신문의 증권면보다 산업면이나 기타 다른 부분을 유심히 본다. 하지만 후자는 증권면에 있는 시황 자료를 유심히 본다.
　증권면 외에 다른 면을 소홀히 하는 것은 시장 원리를 제대로 모르고 저지르는 실수인데 증권면에 나온 추천주나 화제주로 언급된 종목은 상투권에 없는 종목이 없을 정도이다. 특히 기사가 크게 나올수록 그런 경향이 크다. 그러나 특정 증권 회사에서 크게 호평하며 추천 종목으로 말한 회사들의 당일 주식 매매 동향을 보면 그 증권 회사에서 물량을 가장 많이 매도한 것을 부지기수로 경험하였다. 이것이 늘 우연일까?

증권면은 뉴스나 주관적인 생각이 많이 실리지만 산업면은 객관적인 사실을 게재하는 경우가 많다. 이게 바로 돈이 되는 정보들이다. 물론 산업면에 실리는 정보나 기업에 대해서는 좀 더 자세한 분석을 해야 하겠지만 증권면에 실리는 기사보다는 희소성이 있는 가치 있는 정보라고 할 수 있다.

예를 들어 산업면에 태양 에너지, 풍력 에너지 등의 산업에 대한 언급이 시작되고, OLED 등의 새로운 디스플레이 시장에 대한 시장성 및 기술 등이 공개되기 시작하면 무슨 관련 업체가 있는지 등을 조사하고 해당 사업의 규모 등을 파악해서 이 사업을 실제 매출로 연결할 수 있는 회사 등을 알아보는 방식으로 접근하는 것이 좋다.

증권면에 추천주로 나온 종목은 기사화되기 훨씬 이전에 관련 업체 종사자나 이해관계에 얽힌 사람들은 이미 알고 있는 경우가 많다. 그러므로 신문을 통해 정보를 입수하고 매매하면 때는 이미 늦다.

추가 매수도 아무 때나 하는 것이 아니다

❝ 스토캐스틱 차트를 활용하라 ❞

❝ 추가 매수를 하기 전에 반드시 전제해야 할 조건은 추가로 매입을 해도 되는 가치 있는 주식인가 하는 것이다 ❞

시장에서 정말 소외되어 오르기도 힘들 뿐더러 가치 또한 모두가 인정해줄 우량주가 아닌 주식을 붙잡고 단순히 내가 매입한 것보다 떨어졌다는 이유로 추가 매수를 하면 절대 안 된다. 그러나 일반 투자자들은 이 점을 지나치고 자기만의 논리와 종목에 대한 애착으로 추가로 사서는 안 되는 주식을 사는 경우가 많다.

누구나 인정해주는 우량주를 기준으로 추가 매수해도 좋은 시점은 무엇으로 찾을 수 있는지 알아보자.

스토캐스틱 차트로 손쉽게 잡는다

삼성중공업의 사례를 들어보자. 다음 화면을 보면 맨 아래 스토캐스틱 차트가 20 이하로 내려갔고 파란 불이 들어와 있

다. 낙폭 과대 상태이므로 추가 매수를 해도 되는 시점이다.

다음은 LG전자의 사례다. 역시 스토캐스틱 차트가 파란 물결을 이루고 있다. 이러한 상황에서는 뉴스 등에 악재가 많아서 섣불리 매수하기 힘들다.

하지만 주식은 그 회사의 가치를 가격으로 환산했다는 대전제 아래 기계적으로 특정 가격 이하로 하락하면 사겠다는 생각으로 매수하게 된다. 낙폭 과대 시점에서 주가를 매입하면 당시에는 주변 뉴스와 시황에 영향을 받아 추가 하락에 대한 두려움이 생길 수 있지만 직장인이라도 큰 어려움 없이 추가 매수 타이밍을 잡을 수 있다.

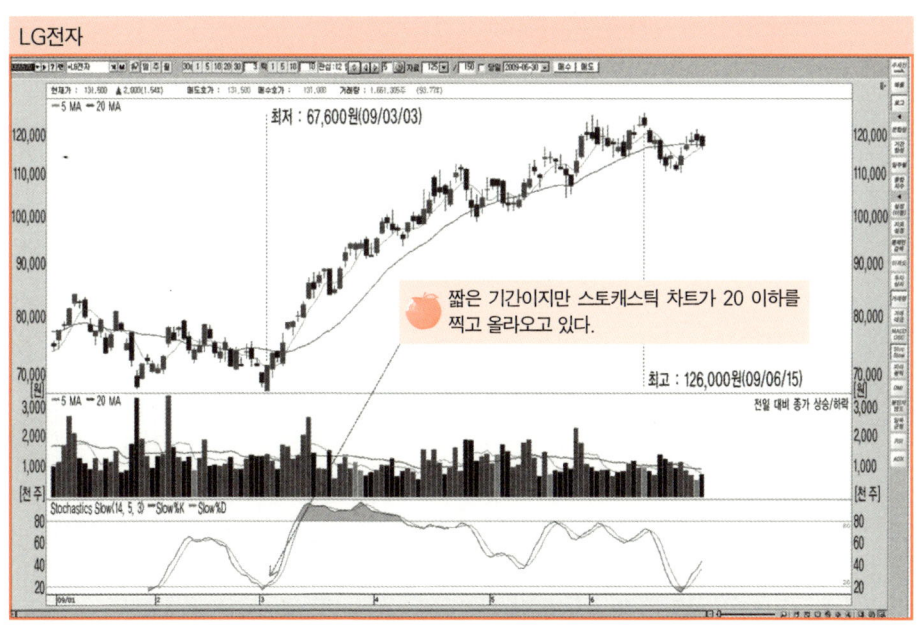

스토캐스틱 차트란

주식 투자를 하다보면 간혹 현재 주가가 어느 위치에 있을까 궁금해진다. 이때 살피는 것이 스토캐스틱 차트이다.

스토캐스틱 차트는 현재 주가가 일정 기간의 주가 변동폭 중 어디에 위치하는지를 백분율로 나타낸 지표다. 이 지표는 장이 상승 추세일 때는 매일의 종가가 주가 움직임(고가-저가)의 고점 근처에서 형성되고, 하락 추세일 때는 저점 근처에서 끝나는 경향이 있다는 사실에 기초하고 있다. 이 지표를 활용하는 것은 매일의 종가가 최근 일정 기간의 '고가-저가' 범위 내의 어느 곳에 위치하는가를 관찰함으로써 시장의 강약을 파악하기 위해서다.

스토캐스틱 차트는 0에서 100까지 값이 있는데, 그 값이 100이면 최근의 종가가 이제까지 n일 동안 형성된 시장 가격 중에서 최고 수준임을 의미한다. 반면 0이면 최근의 종가가 이제까지 n일 동안 형성된 시장 가격 중에서 최저 수준임을 가리킨다.

> ❝ 일반적으로 과매도 구간인 20퍼센트선에서는 주식을 매입하고 과매수 구간인 80퍼센트선에서는 보유 주식을 매도한다 ❞

20퍼센트선에서 지표가 상향 이탈하면 매수하고 80퍼센트선에서 하향 이탈하면 매도하는 전략을 사용하는 게 보편적인 매매 방법이다.

주의 사항은 추가 매수 구간인 20퍼센트 이하에 주가가 있다고 해서 무조건 매수해서는 안 된다는 점이다. 이유는 과매도 구간으로 들어가면 하락 추세가 진행되고 있으므로 추가 하락의 위험이 있기 때문이다.

따라서 필자는 스토캐스틱 차트와 일봉 차트, 주봉 차트도 참고하여 지지선을 찾으려고 노력한다. 지지선이란 특정 가격에서 밀리지 않는 하방경직성이 강한 가격대를 말하는데 이 구간에 스토캐스틱 차트가 과매도 구간인 20퍼센트 전후로 들어오면 매수를 고려한다.

항상 명심할 것은 증권 회사에서 진행되는 수익률 게임 대회 상위 입상자 등 고수익을 내는 투자자들의 매매 기법이라도 절대적으로 모든 상황에 적용할 수 있는 마법의 기법은 없다는 것이다.

고수익은
신고가 종목에서
나온다

> 66 신고가 종목이란 직전 고점을 뚫고 새로운 최고 가격이 형성된 것이다 99

　고수익을 내는 신종목을 찾는 것은 상식적으로 이해하기 어려운 일일 수 있다. 주식은 싸게 사서 비싸게 팔아야 수익을 챙길 수 있는데 가장 비싸게 사라니?
　주식 투자에 가장 중요한 것은 추세다. 주식은 한 번 상승 추세를 타면 일정 기간 그 흐름을 유지하려는 속성이 있다. 그 배경에 있는 기업 실적, 회사의 성장성, 업황 호전 등에 대한 기대감으로 수급이 좋기 때문이다. 그래서 종목을 선정할 때도 상승 추세에 있는 종목을 주로 사야 한다.

사람들은 많이 올랐다고 생각해서 하락 추세에 있는 낙폭 과대 종목만 손대려 하는데 그러다 보니 종합 주가 지수가 상승하여도 본인이 산 종목은 못 오르거나 지지부진 횡보한다.

단기에 고수익을 올리려면 시세 탄력이 좋고 수급이 좋은 신고가 종목을 사야 한다. 이런 종목은 기관, 외국인의 종가 관리 등이 이루어지기 때문에 지수가 약세를 보여도 주가 흐름이 강세를 띤다.

아래는 2009년에 매매했던 종목 사례다.

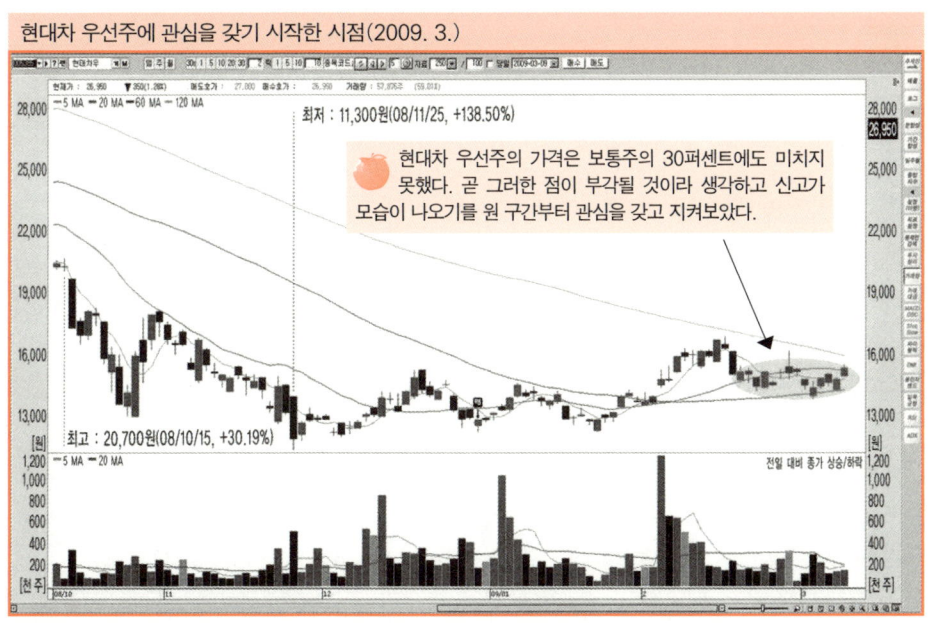

현대차 우선주 신고가 확인 후 매수 시작(2009. 3. 16)

현대차 우선주 신고가 형성 후 모습(2009. 5.)

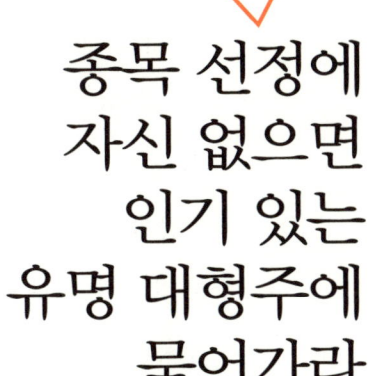

종목 선정에 자신 없으면 인기 있는 유명 대형주에 묻어가라

> ❝ 시청자가 좋아하는 프로에 광고주가 몰린다. 시장이 좋아하는 주식을 사야 수익률을 높일 수 있다 ❞

얼마전 인기리에 종영한 〈꽃보다 남자〉란 드라마가 있다. 쇼 프로, CF, 인터넷 포털 사이트 등에 〈꽃보다 남자〉를 말해주는 'F4'을 접하지 않는 곳이 없을 정도로 큰 이슈를 불러일으켰던 드라마다.

주식 이야기를 하다가 뜬금 없이 '왠 드라마?' 라고 생각하는 사람도 있을 것이다. 이유인즉슨 이렇다.

펀더멘털이 우수한 회사의 주식이든, 시장에서 주목받는 테마주이든, 실제 수익률이 가장 좋은 종목은 내가 혼자 애착을 갖는 것이 아니라 시장에서 인정받고 관심을 받는 종목이다. 시장에서 인기 있는 종목이나 수익률을 높일 수 있는 관심 종목군은 시대 흐름에 따라 매번 달라진다.

증권 분야를 지켜보고 과거의 사례를 확인해보면 지수가 크게 오르는 장에서도 돈을 못 버는 사람들이 굉장히 많았다. 오히려 큰 손실을 입고 계좌가 반토막이 나버린 사람도 부지기수다. 이런 현상은 대단한 매매 기법이 없어서가 아니라 주식 시장의 기본적인 속성을 이해하지 못하는 데서 온다.

주로 독과점 기업, 성장성 기업, 펀더멘털이 우수한 저평가 기업 등의 주식이 장기간 꾸준한 상승 곡선을 그리며 크게 오른다. 나머지 종목들, 소위 잡주나 펀더멘털이 좋지 못한 기업의 주식은 시장 상승과 상관없이 계속 하락하는 추세로 간다.

이러한 기본적인 내용을 안다 하더라도 안타깝게도 대부분 일반 투자자들은 인기 테마주 등을 잘못 사서 손실이 나기 시작하면 오랜 기간 가지고 있어도 못 오를 그런 회사의 주식을 사게 된다. 자신만의 논리와 애착으로 시장 흐름과 반대로 가는 종목을 사고 오르길 바라는 것이다. 이는 지금 당장 시원시원하게 큰 상승폭의 오름세를 보이는 회사에만 관심을 보이기 때문이다.

종목 선정을 할 때 시장의 인기 종목인 주도주를 살 수 없다면 시장에 그냥 묻어갈 수 있는 종목을 사라. 소위 우리가 알고 있는 삼성전자, 현대차, POSCO, KB금융 등의 주식이 그러하다.

> **코스닥 상장 기업만 피해서 매매해도 큰 손실은 피할 수 있다는 사실을 항상 염두에 두라**

"최고의 경쟁력을 지니고 있는 키패드 제조 회사", "휴대폰 카메라 렌즈 시장에서 경쟁자가 없다"라는 말은 몇 년 전 많은 일반 투자자들을 끌어모았던 종목 앞에 붙여진 수식어구들이다. 2009년 해당 기업들의 주가는 해당 회사들의 환상적인 리포트가 나오던 시절보다 지수가 40퍼센트 이상 크게 상승한 시점인데도 안타깝게도 지수 상승률에 비례하는 40퍼센트 상승은커녕 당시 가격의 20퍼센트에도 못 미치는 시세를 보이고 있다.

왜 이런 현상이 나올까? 코스닥 상장 기업은 세계적으로 경쟁이 굉장히 치열한 업종인 IT, 인터넷 업체가 주류를 이루고 있다. 이 회사들은 처음에는 신기술 개발이나 시장 선점 등으로 많은 관심을 받고 실제로 높은 실적을 올렸다. 하지만 중국, 대만, 미국, 일본 등과의 치열한 경쟁으로 수익성이 떨어지기 시작하고 시장 점유율도 하락하면서 결국 존폐 위기에까지 몰린 곳이 부지기수다.

필자도 코스닥 상장 기업에 투자할 때는 이런 점을 잘 파악해서 종목을 선정한다. 하지만 주식에 막 입문한 투자자들이나 경험이 많지 않는 투자자들이 이러한 회사의 앞날까지 길게 보고 기업을 분석하고 종목을 선정하기란 사실 쉽지 않다. 그래서 필자는 주식 투자를 하는 초보 투자자들에게 코스닥 상장 종목은 단기 투자를 목적으로 테마주 매매를 하는 경우가 아니라면 되도록 관심을 가지지 말라고 한다. 테마주 역시 상당히 위험하기 때문에 관리가 필요한 것이 사실이다.

2000년도를 전후로 하여 코스닥에서 명성을 떨치던 시가 총액 상위 종목이었던 우량주 대부분이 시가 총액 상위 그룹에서 제외되었다. 존폐 위기까지 처한 기업들도 있었다. 그리고 정말 알짜 코스닥 상장 대형주들은 코스피로 옮겨갔다. 대표적인 종목이 NHN, 엔씨소프트, 기업은행 등이다.

코스닥은 주식을 열심히 모아 대주주가 되려고 하거나 M&A(merger and acquisition : 기업이 다른 기업을 합병하거나 매수하는 일)를 시도하려는 것이 아니라면 테마주의 단기 매매 외에는 관심을 갖지 않는 것이 좋다. 진주 같은 알짜 종목도 나오기는 하지만 이것은 매매 경험이 풍부한 노련한 투자자들 등 소수에게만 해당하는 이야기임을 잊지 말아야 한다.

종목 선정이 어렵다면 각 업종의 1~2위 기업 주식만 관심을 가지고 매매하자. 아래 종목만 시황에 따라 매매하여도 크게 손실을 보는 경우를 줄일 수 있다. 기타 인터넷 검색 등으로 인기 대형 종목을 찾을 수 있으므로 참고하기 바란다.

예

전기전자 : 삼성전자, LG전자, LG디스플레이
조선주 : 현대중공업, 삼성중공업
철강 : POSCO, 현대제철, 고려아연
운수장비 : 현대차, 기아차
금융 : KB금융, 신한지주, 대우증권
건설 : 현대건설, 삼성물산, 대우건설
해운 : 대한해운, 한진해운
제약 : 유한양행, 동아제약, LG생명과학
전기가스 : 한국전력, 한국가스공사
화학 : LG화학, SK에너지, S-OIL
기타 : LG, 한화

 ## 대형주 선정 기준

코스피 100, 코스닥 100이란 것은 시가 총액의 크기로 상위 100개 종목을 나눈 것을 말한다. 시가 총액은 '발생 주식 수 x 현재가'로 해당 회사가 시장에서 어느 정도의 규모인지를 간접적으로 파악할 수 있게 해준다.

그리고 대형주는 주가 등락폭이 작은 특징이 있다. 대세 상승장 속에서는 큰 수익을 내지만 지수가 횡보 구간에 들어가거나 하락 추세일 때는 수익을 기대하기 어려운 단점이 있다. 하지만 잘못 매매한다고 해도 코스닥 상장 주식처럼 상장 폐지를 당하거나 손실이 50~70퍼센트 정도로 크게 이어지는 경우는 흔치 않다.

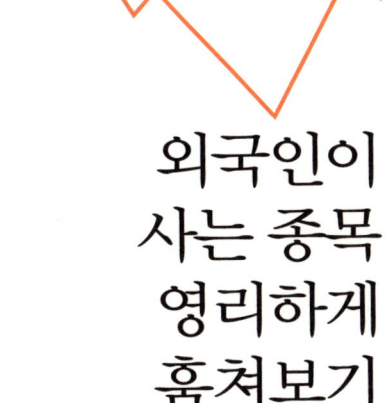

외국인이
사는 종목
영리하게
훔쳐보기

❝ 신문에 나온 외국인의 매수 종목이 아니라 HTS에 나오는 외국계 증권 회사의 매수 종목을 살펴야 한다 ❞

현재 시장에 출간된 주식책이나 인터넷에 떠도는 외국인 매매 따라잡기에 관한 글을 보면 거의 신문에 실리거나 시황에 자주 나오는, 외국인이 많이 사는 시가 총액 상위 종목에 관한 것이다. 그러나 그것은 수익률을 높이고 싶다면 시가 총액 상위 종목을 매수하는 외국인의 동향이나 관심이 어디 있는지 등을 체크하는 용도로 보아야 한다.

외국계 증권 회사의 매매 동향을 어떻게 파악하는지 다음 화면으로 알아보자. 외국계 증권 회사가 매수한 종목을 보는 기능은 대부분 증권 회사 HTS에서 제공하고 있다.

화면을 보면 모간스탠리 증권 회사에서 현대오토넷, LG디스플레이, 현대차, KB금융 등의 종목을 매수하고 있음을 알 수 있다. 매수하는 수량이 시장에서 이슈를 끌기에는 적기 때문에 특별한 경우가 아니고서는 다음날 신문이나 시황에 실리기란 쉽지 않다.

특히 맨 아래에 매수 종목으로 나오는 코리안리는 재보험 회사로서 보험 회사들이 보험을 가입하는 곳이다. 사업 내용 자체에 경쟁사도 적고 블루오션이라 볼 수도 있는 성격의 회사이다. 이런 회사는 일반인이 잘 모를 뿐더러 관심을 갖고 보지 않는다면 잘 발견할 수 없는데 이런 곳에서 가끔 대박이 터진다.

남들이 다 아는 것은 더 이상의 메리트가 없다. 이것은 비단 주식뿐 아니라 다른 재테크와 사업도 마찬가지가 아닐까?

외국계 증권 회사 순매수 창구 현황

- 테마항목 -	코드	종목명	순매수량	매도수량	매수수량	현재가	등락폭	등락율	거래량
거래원순매수	042100	+현대오토넷	604,600	30	604,630	4,090 ▼	130	3.0	6,606,836
거래원순매도	034220	+LG디스플레이	176,100	100	176,200	30,650 ▲	1,800	4.7	7,217,547
연속순매수일 상위	005380	+현대차	175,428	92,805	268,233	72,100 ▼	800	1.1	1,666,548
연속순매도일 상위	105560	+KB금융	141,620	8,380	150,000	41,250 ▲	950	2.3	3,767,889
매수비중집중 상위	007660	이수페타시스	110,350		110,350	1,910 ▲	25	1.3	551,718
매도비중집중 상위	009270	신원	99,500		99,500	1,530 ▲	130	9.2	795,036
외국계증권사순매수	024110	+기업은행	76,710	100	76,810	9,510 ▲	190	2.0	5,839,233
외국계증권사순매도	012450	+삼성테크윈	23,958	1,042	25,000	70,700 ▲	700	1.0	989,231
외국증권집중업소	084870	+베이직하우스	23,330	1,980	25,310	5,080 ▼	140	2.6	389,811
	005385	현대차우	23,000		23,000	26,950 ▼	350	1.2	57,876
	003690	+코리안리	18,290	6,080	24,370	11,350			833,914

모간스탠리 매수 종목

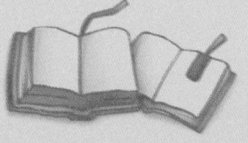

111

핵심 우량주 5종목으로 안전하게 수익 내기

> **❝** 사실 잘 아는 5~6개 회사 주식만 갖고 매매해도 돈을 벌 수 있다 **❞**

재야 고수란 분이 어느 언론사 인터뷰에서 밝힌 종목 선정 방법은 상위 5개 종목만 매매하는 것이다.

상위 5개 종목은 핵심 우량주이므로 세계적인 경쟁력과 국내에서 막강한 지위와 시장 지배력을 지니고 있다. 즉 물가 상승률 이상으로 계속해서 주가가 올라갈 수밖에 없는 종목이다.

여기에 해당하는 회사는 코스닥보다는 코스피 시장에 포진

되어 있다. 그래서 단기 테마주를 매매하는 것이 아니라면 지속적으로 코스피 상장 종목을 매매하라고 권한다.

필자는 주식 상담을 하거나 투자에 대해 이야기를 나누다 보면 '아, 이분은 절대 주식 투자를 하면 안 되겠다' 라는 생각이 드는 사람들을 많이 만난다. 그래서 그분들에게는 되도록 주식 투자를 하지 말았으면 좋겠다고 하는데, 만약 그래도 하겠다면 제대로 배워서 은행 이자의 2~3배 수익에 만족하는 마음을 가지라고 이야기한다. 주식 투자를 한 번이라도 했던 사람이라면 큰 손실이 나더라도 단번에 그만두는 경우를 지금껏 본 적이 없기 때문이다.

약간의 중독성이 있는 것이 주식 투자이다. 그래서 시작한다면 제대로 안정적인 방법을 택해서 배우라고 권하고 싶다.

참고로 직장인들 중에 고수익을 올리는 베테랑들의 투자 원칙을 정리해보면 다음과 같다.

고수들의 투자 원칙

★ 자신이 잘 아는 종목에만 투자한다.
★ 장기적인 관점에서 주식을 산다.
★ 성장성이 높고 배당을 많이 주는 종목만 주목한다.
★ 업종 대표 종목을 선택한다.

베테랑들은 주식 투자를 할 때 자신감을 갖지 못한 채 여러 종목에 기웃거리며 매매 횟수만 늘려봐야 수익률을 높일 수 없다는 것을 알고 위와 같은 원칙을 몸소 실천한다. 이것은 필자가 주변 투자자들과 고객들에게 한결같이 이야기하는 바이기도 하다.

주식 전문가인 K씨(37세) 역시 자신은 잘 아는 종목만 산다고 한다. 그는 LG전자, POSCO, 현대중공업의 주식 세 개만 매매한다. 다른 종목은 아무리 좋아 보여도 절대로 손을 대지 않는 것이 그가 지키는 철칙이다.

K씨는 자신의 포트폴리오 대상 종목의 흐름에 집중하다가 박스권에서 싸게 사서 비싸게 파는 전략을 주로 구사한다. 또한 주식을 사기 전에 그 종목들의 내재 가치를 따져 적정 주가를 계산해둔다. 뿐만 아니라 증권 회사의 종목 분석 보고서를 액면 그대로 믿지 않고 자신의 방식대로 주요 지표를 계산한다. 해당 업종의 장·단기 전망, 영업 이익 예상치, 주가 수익 비율 등도 고려한다.

이렇게 현재 시장에서 검증된 고수들의 매매 종목 선정 방법은 사람들이 기대하는 대단한 기법이 아니다. 정말 누구나 할 수 있는 것을 실제로 행동으로 옮기고 있을 뿐이다.

대박만 찾아 다니는 일반 투자자들은 오히려 손실이 누적되어 결과적으로 깡통만 차게 되지만 재야의 고수들은 작은 수익에 감사한다. 그것이 시간이 지나면서 누적되고 복리 효과를 불러 일으켜 장기적으로 원금 손실 없이 안정적으로 자산이 증가하는 요인이 된다.

 그러므로 제발 여러 종목 혹은 잘 모르는 종목을 덥석 매수하지 말고 시간을 갖고 충분히 분석한 후 확신이 들 때 매매를 하든가, 종목 수를 제한하여 그것만 매매하기 바란다. 그것이야말로 자산을 안전하게 지키는 특급 기법이다.

매도 전략

참된 주식 고수는 손절매를 잘하는 사람이다

매번 매수에 성공하는 투자자는 없다. 필자도 수익률 대회에서 최고 4,650퍼센트의 수익률을 낸 적이 있지만 대회 중반에 4,900퍼센트가 넘었을 때 무리한 욕심을 부리다가 마지막에 가서 판단 잘못으로 손실을 보았다. 솔직히 말하면 실패한 투자도 없지 않았다.

하지만 투자라는 것은 실패할 수도 있는 법이라고 생각한다. 인간인 이상 늘 성공만 할 수는 없지 않은가? 좀 더 높은 수익을 내어 실패를 만회하면 된다.

투자에 실패했을 때 손실을 줄이고 다음 투자로 눈을 돌리기 위해 필요한 것이 손절매다. 사실 손절매의 중요성은 아무리 강조해도 모자라지 않을 것이다. 많은 투자자들이 '기계적인 손절매'를 부르짖지만 뻔히 주가가 내려가는 것을 보면서도 선뜻 매도하지 못하는 것이 현실이다.

손절매는 매수보다 힘들기 때문에 더욱 중요하다. 손절매에 실패하면 치명적인 손실을 볼 가능성이 높고 재기의 길도 점점 더 멀어져간다. 그래서 항상 주식을 매수할 때 혹시 잘못되면 손절매할 것을 감안하고 미리 손절매 기준가를 정해놓아야 한다. 손절매를 하지 못하면 추가 하락을 할 때 더 큰 손실을 입는다는 것은 기본적인 상식이다.

필자는 손절매를 안 해도 될 가격대에 매수하여 최소 1퍼센트는 남기고 매도하도록 노력하고 있지만 최적 타이밍에 매수했다고 생각하는데도 하락하면 미련 없이 손절매를 감행한다. 손절매를 못 하는 투자자는 주식 시장을 떠나야 한다.

다음은 필자가 최근에 단기 투자로 매매했던 종목의 차트이다.

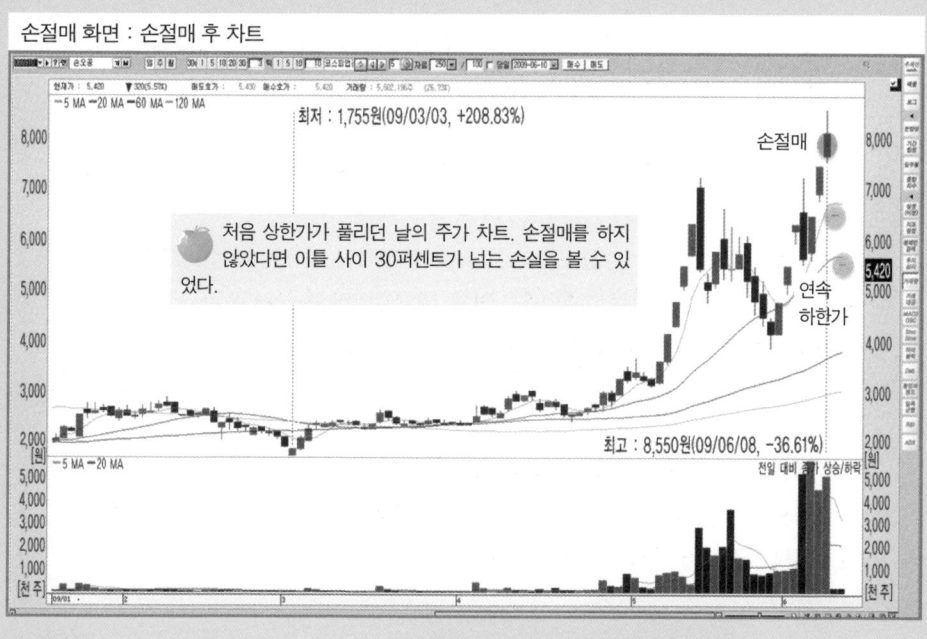

119

손절매는 어떤 식으로 해야 할까

첫째, 손실 복구 가능선에서 시행하라.
손절매라는 것은 주가가 빠진다고 해서 일단 매도하고 보는 것이 아니다. 애초에 주식을 매수할 때 어느 정도는 그 종목의 움직임을 추리해보고 매수했지만 주가가 생각같이 움직이지 않을 때 하는 것이다.

마구잡이로 종목 선정을 하면 안 되듯이 주식을 사고 나서 움직임이 예측한 것과 다르다면 손절매에 들어가야 한다. 처음 생각과 다른 움직임을 자신에게 유리하게 해석하는 것보다는 과감하게 손절매를 실행해 손해를 방지해야 한다.

손절매는 이익을 내기 위해서 해야 할 기본 행동이다. 모두가 알고 있고 시도 때도 없이 모두가 행하고 있는 일이기도 하다.

하지만 이러한 과정에서 그냥 지나치는 것이 하나 있다. 손절매는 극약 처방이라는 사실이다. 손절매로 결코 이익을 볼 수는 없다.

'몇 퍼센트에서는 손절매를 해라, 몇 퍼센트 내에서는 반드시 끊어줘라' 등의 말이 수없이 난무하고 있다. 듣기는 주옥 같은 말이다.

문제는 손해를 보고 매도하는데 어느 누가 과감해질 수 있느냐는 것이다. 손절매를 잘못하면 이익을 내는 것은 고사하고 투자 의욕마저 떨어질 확률이 높다.

하지만 분명한 것은 손절매를 하는 가장 근본적인 이유는 다음 매매에 자유로워지기 위한 것이라는 점이다. 이를 생각한다면 손절매로 가급적 손실을 최소화해야 투자에 성공한다고 할 수 있다.

둘째, 가격, 시간, 목표 가격을 고려하라.
필자는 손절매를 크게 가격의 손절매, 시간의 손절매, 목표 가격의 손절매 등 세 가지로 구분하고 이를 기본 바탕으로 매매에 적용하고 있다.

가격의 손절매는 매수한 가격보다 주가가 떨어질 때 더 이상의 손실을 막기 위해 한다. 손실폭이 커질수록 원금을 회복하려면 손실률보다 더 큰 수익을 올려야 하는 부담이 따르지만 불가피하다면 과감하게 실행에 옮겨야 한다.
시간의 손절매는 매수를 할 때 보유 기간이 애초에 정한 것보다 길어질 때 행하는 것이다. 손절매는 손실이 나서 하는 경우도 있지만 주식을 보유하고 있다는 그 자체가 리스크일 수 있기 때문에 일정 시간 이상 주식을 보유하지 않기 위해 단행하기도 한다. 매수한 종목의 움직임이 둔할 때는 무조건 매도하고 주가의 움직임이 활발한 다른 종목을 찾아가야 한다.
데이트레이더(주가 움직임만을 보고 차익을 노리는 주식 투자자)는 주가의 흐름에서 자유로워야 한다. 물론 데이트레이더가 아니라면 다를 수도 있지만 시간으로 승부하는 데이트레이더들에게 기회 비용 상실은 독약일 뿐이다.
목표 가격의 손절매는 흐름에 따라 하는 것이다. 주식을 매수할 때는 대부분 매도 목표 가격을 정해놓는다. 초보 투자자들은 막연하게 '좋으니까 일단 매수하고 보자'고 생각하는 경우가 종종 있는데 그래서는 시간이 지나도 투자 기법에 발전이 없다.
주식을 매수할 때는 분명한 이유가 있어야 한다. 대부분은 상승을 확신하기 때문에 매수하는데, 그렇다면 반드시 정해놓은 매도 시점이 있어야 하고 매수할 때 '어느 정도 오르면 팔겠다'는 매도 목표 가격을 정해놓아야 한다.
이러한 시나리오에 따라 매수하고 보니 상승을 하기는 하는데 목표 가격까지 다다르지 않는 경우가 있다. 하지만 그렇다고 해서 정해놓은 가격대로 오를 때까지 무작정 기다리는 것은 위험천만한 일이다. 이런 위험을 감수하는 것 또한 어리석은 결과를 내는 경우가 많기 때문이다.
만일 매수한 종목의 주가가 설정한 목표 가격까지 오르지 못하고 내려간다면 비록 생각만큼의 이익을 보지는 못했더라도 주가 흐름에 따라 매도해야 한다. 이때 실행하는 것이 목표 가격의 손절매다.

셋째, 판단이 틀렸다면 과감하게 손절매하라.
손절매는 시장 방향이 투자자의 당초 판단과 달라 더 이상 가능성이 없다고 생각될 때 자신의 착오를 겸허하게 인정하고 손실을 감수하는 행위라 정의할 수 있다. 더 이상 손실을 방지하고 손실 복구가 가능한 선에서 자신 있게 끊어내는 것이 진정한 손절매라는 이야기다.

좀 야박한 말 같지만 손절매를 잘할 수 없다면 주식 투자도 하지 말아야 한다는 것이 필자의 지론이다. 주가가 생명을 다해 더 이상 오를 가능성이 없는데도 계속 보유한다는 것은 그야말로 어리석은 행위이기 때문이다.

대부분 초보 투자자들은 주식 투자에 입문하면서 손절매를 배우게 된다. 가령 주가가 내림세를 타는 것을 보고 매도했는데 그 종목의 저점을 자신이 갱신한 경우에 경험하게 된다.

손절매를 머뭇거리는 이유 중 하나는 자신이 잘못 판단했다는 것을 인정하지 않으려 하는 데 있다고 생각한다. 아니면 '오르겠지' 하는 막연한 기대감 때문일 것이다.

손절매는 결코 실패가 아니라 다음의 성공을 위해 한 발짝 물러나는 것에 지나지 않는다. 개구리는 멀리 뛰기 위해 반드시 한 번 움츠렸다가 뛰어오른다. 주식 투자도 이와 다르지 않다. 과감한 손절매를 해야만 다음 기회에 손해를 만회할 수 있는 여력이 생긴다. 손절매는 선택 사항이 아니라 주식 투자를 하는 사람이라면 필수 전공 코스로 삼아야 할 덕목(?)이다.

매수하면서 매도를 준비하라

주가는 상승할 자리에서 상승을 하지 못하면 하락하는 경우가 많다. 이때는 과감하게 매도를 감행해야 한다.

매도를 해야 하는 시기

★ 지지선에서 지지받지 못하고 하락하려고 할 때

★ 저항선 부근에서 돌파하지 못하고 하락할 때

★ 바닥에서 10~20퍼센트 상승한 후 더 이상 상승하지 못할 때

★ 전 고점을 돌파하지 못할 때

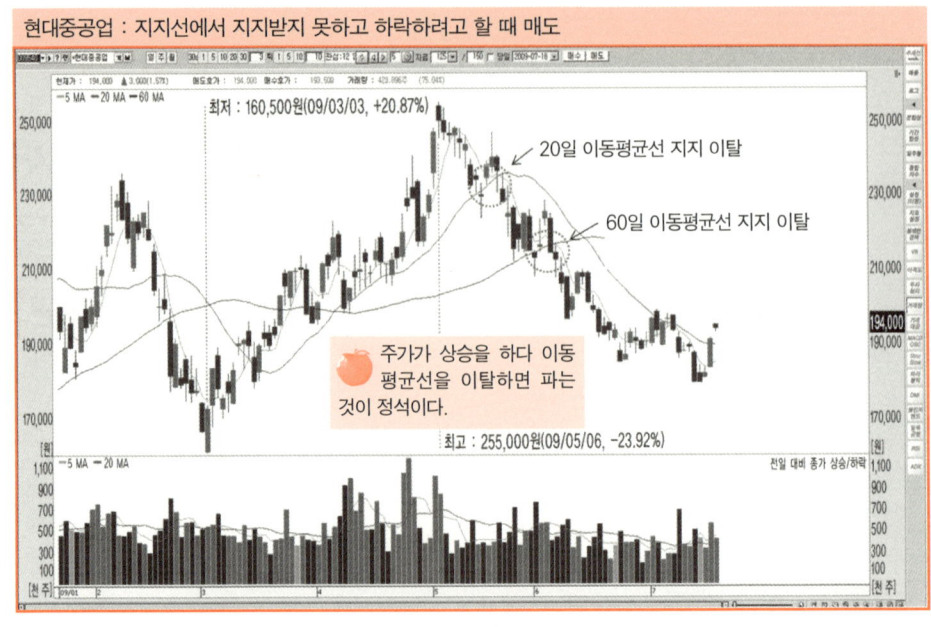

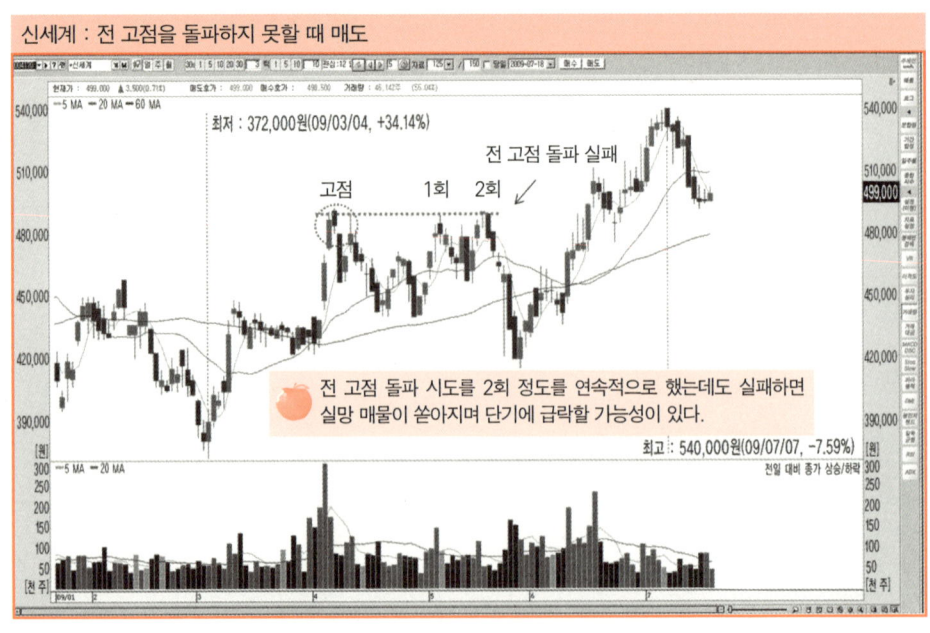

고점이 낮아지면 매도하라

장 중 분 차트(당일의 주가 흐름을 분 단위로 표시한 것) 이전 고점을 돌파하지 못하고 고점이 낮아지면 하락할 확률이 많으므로 매도한다. 이는 고점이 계속 낮아지며 하락 후 반등할 때마다 장 중 고점에서 매수된 물량이 매물로 시장에 나오거나 기관이나 외국인 등이 매도를 하는 경우라 봐도 무방하다. 이러한 매도 물량을 전부 매수하여 주가를 올리기에는 상당한 에너지(자금 및 매수세)가 필요하다. 고점이 낮아진다는 건 상승하려는 에너지가 약해진다는 것을 의미한다. 따라서 매도 타이밍을 잡아야 한다. 다른 투자자들도 반등을 이용해 매도하려는 의지를 가지고 있으므로 이 경우 남들보다 먼저 발 빠르게 매도해야 리스크를 줄일 수 있다.

현대상선 : 고점이 낮아지는 종목은 매도

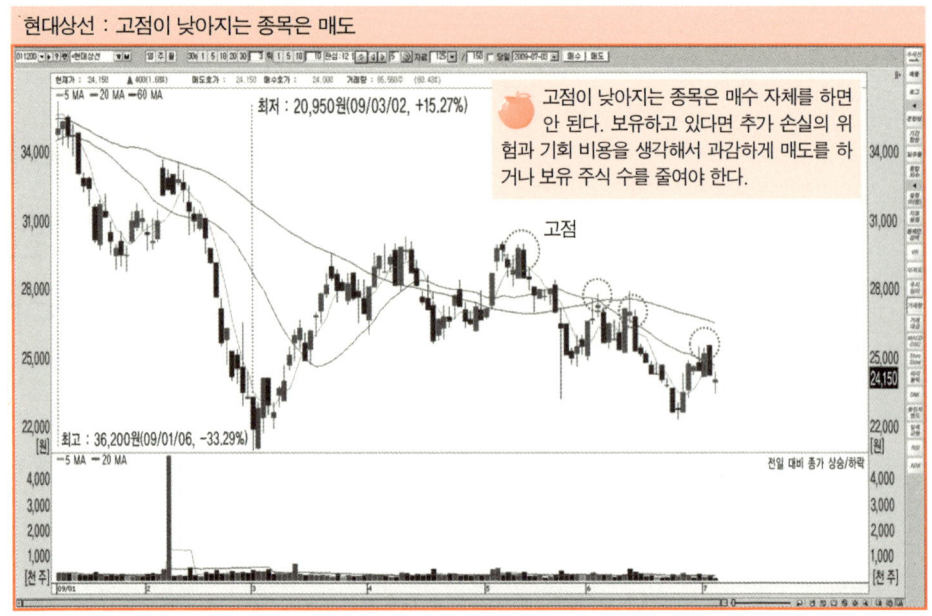

고점이 낮아지는 종목은 매수 자체를 하면 안 된다. 보유하고 있다면 추가 손실의 위험과 기회 비용을 생각해서 과감하게 매도를 하거나 보유 주식 수를 줄여야 한다.

생각대로 움직이지 않으면 던져라

상당 기간 관심을 가지고 관찰한 후 최적의 매수 타이밍이라고 판단하고 매수했는데 주가가 예상대로 상승하지 않으면 자신의 판단 어딘가에 잘못이 있다는 말이다. 이때 자신의 판단이 무조건 옳을 것이라는 생각은 버려라.

최근 인터넷이나 책을 보면 시나리오 매매라는 말이 자주 나오는데 이것도 비슷한 이치다. 투자자들은 자신이 어떤 종목을 매수할 때는 다음과 같은 생각을 한다.

'이 종목의 목표 수익률은 10퍼센트, 기간은 한 달 정도로 잡자. 매수 이후에 주가는 정배열을 그리면서 거래량도 늘리고 저점을 높여가는 모습이 나오겠지.'

실제 주가는 그 반대로 움직일 수도 있고 그렇게 오를 수도 있다.

저런 생각을 하고 주식을 매수한 사람은 막연하게 매수하고 '오르겠지.' 하며 기다리는 사람과 달리 수익률뿐 아니라 시황이나 주변 분위기에 휩쓸리지 않는다. 주가가 오를 날을 편하게 기다리며 주가의 하루하루 흔들림에 일희일비하지 않으며 즐겁게 투자한다.

❝ 생각대로 움직이지 않으면 판다 ❞

필자도 항상 어떤 그림을 그리고 어떤 모습으로 주가가 움직여 줄 것이란 생각으로 매수를 한다. 그런데 주가가 생각처럼 움직이지 않으면 위험 신호이다. 자신은 상승 모습을 그리며 샀는데 그 종목이 올라야 할 자리에서 못 오르고 있다면 즉 내가 생각한 대로 움직이는 모습이 일정 시일 안에 나오지 않는다면 주가는 반대로 하락한다는 이야기이기 때문이다.

주가가 생각대로 움직이면 재빨리 팔고 나와라. 그것이 정신 건강과 계좌에 이롭다. 주식은 보유하고 있는 것 자체가 리스크일 수 있다.

더불어 기회 비용도 무시할 수 없음을 알아야 한다. 10퍼센트의 손실을 보고 있어도 지속하여 추가 하락하는 종목을 보유하며 오르길 바라는 것보다 시장의 관심을 받고 올라가는 종목을 사서 손실 10퍼센트를 만회하는 것이 훨씬 좋을 수 있다. 주식 투자를 할 때는 유연한 자세로 자신이 생각한 모습이 안 나오면 깨끗하게 잊고 매도하는 것이 좋다.

3 직장인을 위한 기업 분석

우리가
애널리스트인가

우리는 사람들이 때론 자신이 펀드매니저나 애널리스트인 양 착각하고 투자에 임하는 것을 볼 수 있다. 물론 자신이 투자하려는 회사에 대해 자세히 알아보고 공부하는 것은 좋지만 우리는 바쁜 직장인이라는 것을 잊으면 안 된다. 애널리스트나 펀드매니저도 모르는 것이 주식 시장이다.

아래 기사를 보면 지나친 투자에 대한 공부나 준비가 무모할 수도 있음을 알 수 있을 것이다.

"지난 10년간 증권 회사 리서치 자료의 목표가가 실제 맞는 경우는 10퍼센트도 채 안 된다.

더불어 실제 증권 회사에서 나온 목표가를 20~30퍼센트 할

인한 가격까지만 상승하는 경우도 많았다."

- 조선경제 2009년 6월 8일, 〈국내 애널리스트의 목표 주가가 100이었다면 실제 주가는〉 인용

이처럼 증권사에서 제시한 목표가가 잘 맞지 않아 그 가격에 20퍼센트를 할인해야만 맞는 경우가 많았다고 한다. 이 분야의 전문가들도 적정 주가를 매기고 목표가 등을 제시하는 것이 얼마나 힘든지, 조금 지나치게 표현하자면 무모한지 알 수 있다.

더불어 이런 자료가 만들어지는 배경을 살펴보면 금융업 특성상 주식 거래를 계속 해야 하고 법인과 개인 투자자들에게 영업을 지속적으로 해야 하는 구조적인 모순(?) 때문에 장이 하락해도 추천 종목 및 리서치 자료가 계속 나오게 된다.

상식적으로 이것이 옳다고 보는가? 지수가 연일 하락을 하는데 추천 종목을 내놓는다는 게?

종합 주가 지수가 빠지는데 유독 특정 종목이 오르는 경우는 굉장히 드물다. 이때 코스닥의 테마주 등은 새로운 투자 수익을 올리려는 개인 투자자들의 자금이 몰리거나 시장 흐름을 이용해 돈을 벌려고 하는 큰손들의 이해관계가 얽혀 주가가 올라가는 경우도 있기는 하지만, 시가 총액 상위 종목이나 우량주 등이 지수가 빠지는데 혼자서 오르는 경우는 드물다.

가끔 경제 텔레비전을 보면 주식을 매수하기 부담스러운 상황인데도 주식 전문가나 애널리스트 등이 출연하여 어느 종목이 이러한 점 때문에 좋다고 추천하곤 한다. 필자는 그런 화면을 볼 때마다 안타까운 생각이 든다. 방송국은 시청률을 높여야 하고 그곳에 패널로 나와 이야기하는 전문가는 종목을 뽑아서 시청자들에게 추천해야 하는 입장이라 시장 상황이 나쁘든 좋든 개의치 않고 출연할 때마다 그렇게 할 수밖에 없으니 말이다.

경험이 없거나 주식에 대해 잘 모르는 일반 투자자들은 어려운 시장에 나오는 추천주이니 뭔가 대단한 줄 알고 앞뒤 안 재고 덜컥 매수를 해버린다. 결국 머지 않아 큰 손실을 입고는 자신이 무모하게 투자한 것에 대한 책임을 지게 될 것이 자명하지만 말이다.

우린 직장인이다

직장인은 직장인답게 투자를 하고 기업을 분석하면 된다. 하루에 1~2시간을 언제 따로 빼서 회사를 분석하고 투자를 감행하겠는가?

최고의 재테크는 주식이나 부동산이 아니라 회사에서 몸값을 올리는 것이다. 그런 시간도 부족한데 주식을 한다고 매일 많은 시간을 할애할 수도 없는 노릇 아닌가?

주식 투자는 기본적인 몇 가지만 알고 있으면 기를 쓰고 심도 있게 분석을 하지 않아도 된다. 재무제표 10시간 붙들고 있다고 해서 수익률이 결코 좋아지는 것은 아니다. 20~30분만 시간을 들여서 중요 사항만 체크해도 충분하다.

그럼 이제 무엇을 체크해야 하는지 알아보자.

기업을 분석하는 데 가장 중요한 것은 성장성이다. 주가는 그 회사 실적에 맞춰 장기적으로 비례해서 오른다. 그러므로 매출이 늘고 이익이 늘면 주가는 계속 상승한다.

기업의 성장성을 파악하려면 무엇을 보아야 하는가?

이익이 늘어나고 있는지, 장사를 잘하고 있는지 살펴보아야 한다. 만약의 사태에 대비해 부도 가능성, 부채 비율 및 현금 흐름 정도만 보아도 될 것이다.

그 이상의 분석은 남들이 잘 모르거나 제대로 평가받지 못하는 기업의 주식을 매수하여 제대로 된 가치를 인정받을 때 파는 장기 투자형 가치 투자자에게 맞는 방법이다. 이 방법은 공부해야 할 내용도 많거니와 그 가치가 반영되기까지 오랜 시간이 걸릴 수 있기 때문에 일반 투자자들이 접근하기는 어렵다. 무엇보다 하루 한 시간을 내기도 힘든 일반 직장인들이 여러 시간씩 머리를 싸매고 공부해서 기업을 발굴할 필요가 있을지 의문이 든다.

굳이 그렇게 잘 알려지지 않은 숨은 기업을 찾으려 하지 않아도 얼마든지 원하는 목표 수익률을 달성할 수 있다. 그러므로 직장인이라면 직장인답게, 전문 투자자라면 그에 맞게 좀 더 심도 있게 분석하면 된다.

우린 직장인이니 그에 맞는 방법을 알려주겠다.

매출의 증가 추세, 영업 이익 추세, 순이익 추세, 부채 비율, 영업 현금 흐름표.

이 다섯 가지만 체크해도 충분하다. 중요한 것은 과거 사업 내용을 기초로 해서 나오는 현재 자산 상태나 손익이 아니라 바로 사업 내용이다.

사업 내용이 좋아야 향후에 돈을 더 많이 벌 테고 회사 재무 상태도 안정되지 않겠는가. 앞으로 또는 현재 사업의 어느 부분이 유망하고 무엇이 회사 성장을 저해하는지 등의 사업 내용에 초점을 더 맞춰야 한다. 즉 단순히 그 회사의 주식을 사는 것이 아니라 사업을 한다고 생각해야 한다.

직장인을 위한 기업 분석 사례 : 기초편

실제 직장인이 할 수 있는 쉽고 효과적인 기업 분석 방법을 순서대로 나열해본다.

무슨 회사인가(예 : 내비게이션 제조 업체 A사)

자동차 차량에 들어가는 내비게이션 솔루션을 만드는 회사이다. 영위하는 사업은 내비게이션 산업과 LBS 산업의 범주로 설명할 수 있다.

내비게이션은 인공위성을 이용한 위치정보시스템(GPS)을 기반으로 운전자가 차내에 장착된 전자 장치를 통하여 정밀한 교통 및 지리 정보를 얻을 수 있게 하는 시스템을 말하며, LBS는 이동 중인 사용자의 위치 정보를 타 정보와 결합해 사용자가 요청, 또는 필요로 하는 부가적인 응용 서비스를 제공하는 것이라고 정의할 수 있다(사업보고서 참고).

이러한 내용을 찾아 보려면 해당 회사의 홈페이지를 방문하거나 증권 회사의 HTS 시스템 또는 전자공시시스템(dart.fss.or.kr)에서 사업보고서 등을 검색하면 된다.

무슨 사업으로 회사를 운영하는가

회사 매출의 98퍼센트를 내비게이션 제품이 차지하고 있다. 특히 소프트웨어 사업에서 매출 97퍼센트를 차지할 정도로 비중이 절대적이다.

이런 경우는 조심스럽게 접근해야 한다. 사업 초기에는 가격 경쟁력과 기술력에서 우위를 차지하여 높은 성장성과 이익을 볼 수 있지만 소프트웨어 사업은 경쟁이 치열하고 진입

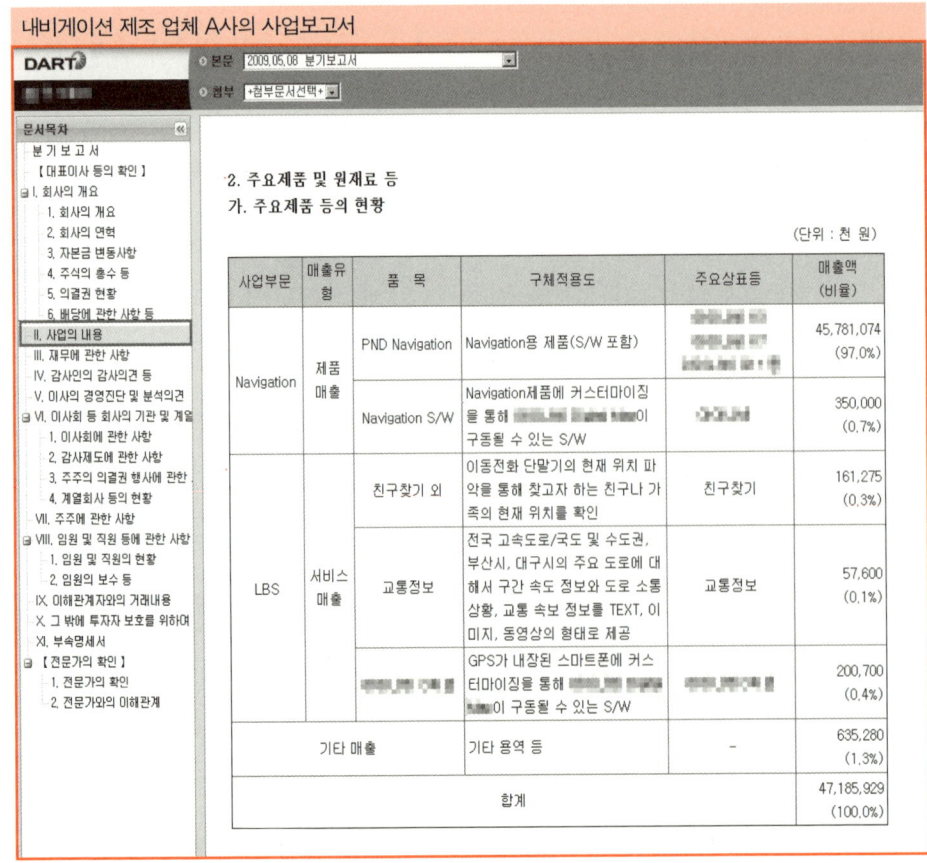

(출처 : 전자공시시스템)

장벽이 비교적 낮기 때문이다.

다행히도 국내에서 A사 제품은 소비자들의 충성도가 상당히 높다. 과점적인 시장 지위를 누리고 있다고 해도 과언이 아니다.

여기서 중요한 사항은 재무제표의 내용보다는 바로 이처럼 자신이 분석하려는 회사가 어떤 회사이고 그 회사 제품이 시장에서 잘 팔리는지, 그리고 고객들의 반응은 어떤지를 살펴야 하는 것이다. 그 후에 사업보고서 등을 살펴보며 좀 더 세밀하고 꼼꼼하게 회사의 사업 내용을 파악해야 한다.

자, 그럼 사업보고서를 보면서 회사의 전체 매출 구조와 그것을 지속적으로 유지할 수 있는지 여부, 시장 규모, 경쟁자들의 동향 등을 파악해보자.

지속적인 성장과 시장 지배력 등을 유지할 수 있다면 해당 주식을 계속 보유해서 장기적으로 회사의 성장을 바라보며 기다려도 되지만, 회사 성장에 한계가 드러날 것으로 보이면 해당 회사의 오너가 아닌 이상은 주식을 팔고 나오는 것이 현명하다.

A사의 사업보고서를 살펴보면 현재 해외 수주는 없고 대부분 국내에서만 판매되고 있다는 것을 알 수 있다. 중국, 미국, 유럽 같은 큰 시장으로 진출하지 못하고 국내에서만 사업을 지속한다면 회사 성장에 한계가 있지 않을까 하는 의문을 가

져봐야 한다.

내비게이션은 구입 후 최소 몇 년은 사용하므로 신제품이 나오는 초기에는 매출이 발생할 수 있지만 어느 수준에 가서는 국내 시장이 포화 상태에 이르게 됨에 따라 결국 회사 성장은 정체할 수밖에 없을 것이다. 그리고 그러한 한계성은 고스란히 주가에 반영될 것이다.

필자가 잠시 A사의 주식을 매매하고 그 이후로 단 한 번도 매매하지 않은데는 이유가 있다. 고점에서 많이 주가가 빠졌다고 하여도 그것이 다시 상승하려면 회사의 실적이 매년 증가 추이를 보여야 하는데 해외 시장을 개척하는 등의 큰 모멘텀이 없다면 매출은 정체될 수밖에 없다고 생각하였기 때문이다.

정말 중요한 것은 어려운 재무제표가 아니라 그 회사의 제품과 시장성, 경쟁자, 진입 장벽 그리고 그에 맞게 효율적으로 회사를 경영해가는지 체크하는 것이다. 우리는 바로 이 부분에 많은 시간을 두고 살펴봐야 한다.

제품은 시장에서 잘 팔리는가

A사의 최근 분기보고서를 살펴보자.

다음 표에 나와 있듯이 매출액은 매년 증가하고 있는 추세다. 제품은 꾸준히 시장에서 잘 팔리고 있는데 문제는 영업

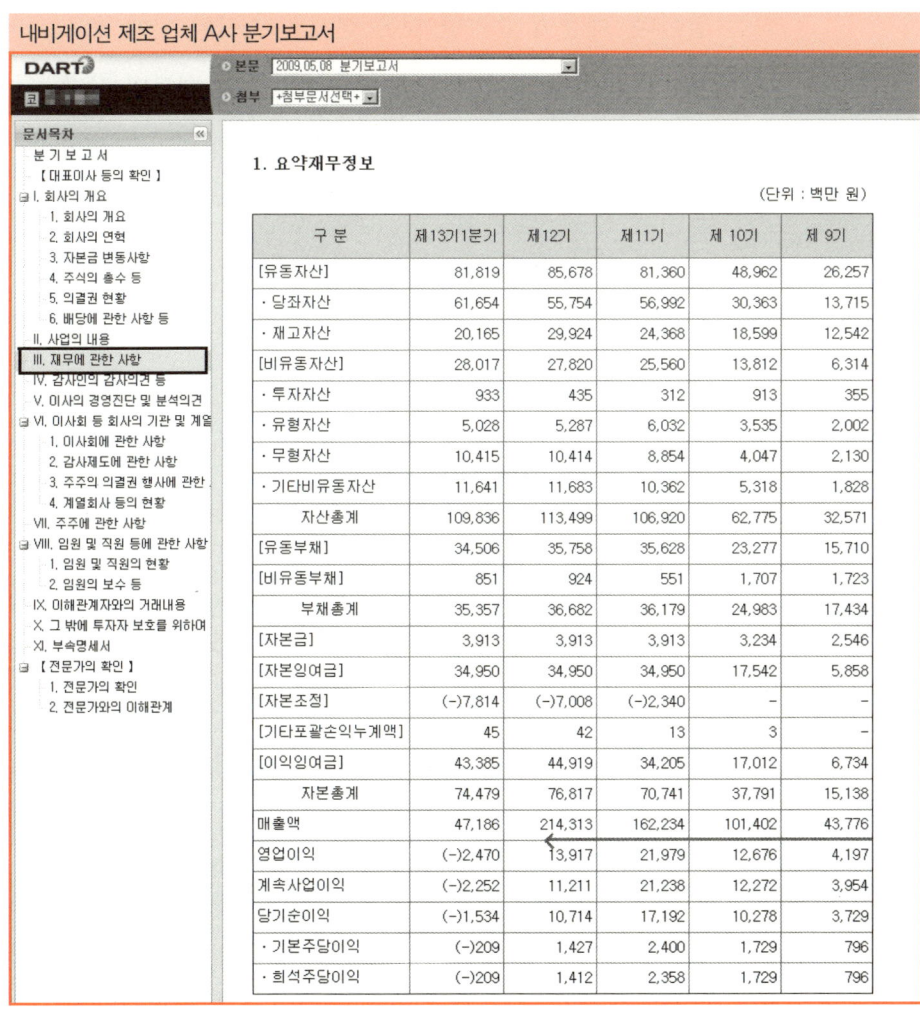

(출처 : 전자공시시스템)

이익과 순이익이 크게 감소하고 있다는 것이다. 이는 매출이 정체되어 있는 것도 아니고 증가하지만 이익은 줄어들고 있다는 말이다. 매출이 증가한 것은 신제품 출시의 판매 호조 때문이었다. 하지만 경기 침체와 환율 상승으로 재료비 상승분, 신제품 개발비 등이 꾸준히 늘어나는 바람에 이익은 줄어들었다.

A사는 국내에는 워낙 충성도가 높은 고객이 있기 때문에 제품이 꾸준히 팔릴 수는 있으나 해외 시장을 개척하지 못한 데다 사업이 내비게이션 소프트웨어 부분에 집중되어 있다보니 신규 수익을 올리는 사업에 의한 현금 흐름이 없어서 점차 성장의 한계를 보이고 있다. 이것은 주가로도 나타나고 있다.

판매가 호조를 보이던 2005~2007년 주가는 1만 원 전후에서 4만 원까지 수직 상승하였지만 그 후 60퍼센트 이상 하락해서 제대로 된 시세를 못 보고 있다. 주식은 현재보다 회사의 비전과 성장성 등에 따라 상승하는데 그러한 부분이 크게 눈에 보이지 않아서 주가가 지속적으로 약세를 보이는 것으로 판단된다.

또한 중국이나 신규 시장을 개척한다면 회사 자체에 큰 모멘텀이 생기겠지만 지도 소프트웨어 사업의 경우 핵심은 해당 국가의 지도를 실시간으로 꼼꼼하게 계속 업데이트하는 것이고 거기에 많은 인력과 자금이 소요되기 때문에 새로운 시장 개척은 쉽지 않을 것으로 판단된다.

이처럼 정말 중요한 것은 현재 보이는 누구나 알고 있는 재무제표가 아니라 자신이 주식을 사고자 하는 기업의 회사 개요, 비즈니스 모델, 사업성 등이다. 이것은 바쁜 직장인이라도 접근하기 쉽다.

재무제표의 주요 내용은 어떠한가

기업을 볼 때는 다음과 같은 사항을 살펴야 한다.

★ 제품을 잘 팔고 있는가
★ 제품을 팔아서 이익을 많이 남기는가
★ 사업을 유지하는 데 빚은 얼마나 지고 있으며 현금은 얼마나 갖고 있는가
★ 기업의 현 주가 수준은 비싼가 혹은 싼가

이러한 물음을 최종적으로 정리하려면 요약 재무제표를 모든 증권 회사의 HTS를 통해서 보면 된다.

내비게이션 제조 업체 A사의 요약 재무제표

▫ Financial Highlight

Recent A. 2008.12		Annual				Net Quarter			
Recent Q. 2009.03	2006.12	2007.12	2008.12	2009.12(E)	2008.06	2008.09	2008.12	2009.03	2009.06(E)
EPS(원)	1,537	2,312	1,369		568	452	-169	-196	
BPS(원)	4,638	8,253	9,527		9,197	9,577	9,527	9,359	
보통주DPS(현금,원)									
발행주식수(보통주,천주)	6,468	7,827	7,827		7,827	7,827	7,827	7,827	
PER(배)	8.54	17.21	6.76						
PBR(배)	2.83	4.82	0.97						
배당수익률(보통주,현금,%)									
매출액(억원)	1,014	1,622	2,143		608	542	496	472	
영업이익(억원)	127	220	139		64	51	-29	-25	
영업이익률(%)	12.50	13.55	6.49		10.53	9.42	-5.94	-5.23	
당기순이익(억원)	103	172	107		44	35	-13	-15	
순이익률(%)	10.14	10.60	5.00		7.32	6.53	-2.67	-3.25	
ROA(%)	21.56	20.26	9.72		3.84	2.94	-1.12	-1.37	
ROE(%)	38.84	31.68	14.52		6.06	4.63	-1.71	-2.03	
자산총계(억원)	628	1,069	1,135		1,190	1,220	1,135	1,098	
부채총계(억원)	250	362	367		444	436	367	354	
자본총계(억원)	378	707	768		746	784	768	745	
자본금(억원)	32	39	39		39	39	39	39	
부채비율(%)	66.11	51.14	47.75		59.58	55.64	47.75	47.47	
유보율(%)	1,068.53	1,776.89	2,071.56		2,002.82	2,099.69	2,071.56	2,037.91	

* ROA: 총자산순이익률, ROE: 자기자본순이익률, (E): FnConsensus 수치, (P): 잠정치
* 주가는 해당 결산기말 수정주가 기준이며, EPS, BPS, DPS는 무상증자와 액면변경, 주식배당 등을 감안하여 현재 기준으로 과거 Data를 수정하였습니다.
* 손해보험사의 매출액은 영업수익기준이고, 매출액(E)은 경과보험금액 기준입니다.
* 2005년 9월 2일 부로 EPS(원)가 기존 Reported(보고서) 값에서 FnGuide에서 계산한 EPS로 변경되었습니다.

(출처 : Fnguide)

재무제표 좀 더 알아볼까

이 부분은 자칫 지루할 수 있고 처음 접하는 사람에게는 내용이나 용어가 어려울 수도 있다. 필요할 때 참고로만 찾아보기 바란다.

필자가 계속 강조하는 것은 아주 기본적인 내용만으로도 손쉽게 수익을 낼 수 있는데 많은 사람들이 그 기본을 모른 채 대단한 매매 기법이나 고수들의 투자 방법을 좇는다는 사실이다.

필자 역시 기본을 지키는 투자 방법으로 고객의 자산을 관리하고 수익을 올려가고 있다. 지난 10년 넘게 다양한 재야 고수들을 보았지만 그들은 정말 쉽고 단순한 원칙을 정해놓고 지키는 데 심혈을 기울인다.

직장을 갖고 있거나 주식 투자에 막 입문하는 사람이라면 재무제표 부분은 궁금할 때 꺼내 읽기 바란다. 이곳에 있는 내용을 모른다고 하여 수익이 나지 않거나 주식 투자를 하는 데 장애가 되는 경우는 없기 때문이다.

대차대조표

의미

재무제표란 기업의 활동을 측정, 기록하여 작성하는 회계 보고서로 기업의 경영 성과와 재무 상태 등을 나타낸다. 재무제표는 재무 의사 결정을 위한 유용한 정보 원천이다.

대차대조표는 일정 시점에서 기업의 재무 상태를 나타내는 보고서다. 기업의 재무 상태라 함은 자산과 부채, 자본의 구성을 말한다. 대차대조표의 왼쪽(차변)은 자산의 구성 상태를 나타내며 오른쪽(대변)은 부채, 자본의 구성 상태를 나타낸다.

자산은 기업이 소유하고 있는 자원을 나타내며 부채, 자본은 기업이 필요한 자금을 외부 채권자로부터 조달한 자금(부채 또는 타인 자본)과 기업의 소유주인 주주로부터 조달한 자금(자본 또는 자기 자본) 그리고 기업의 소유주인 주주로부터 조달한 자금(자기 자본)을 나타낸다.

자산과 부채, 자본 간에는 다음과 같은 균형이 항상 성립한다.

대차대조표에 등록된 자산은 취득 원가이지 현재 시세가 아니다. 대차대조표는 장부 가치를 현재 가치가 아닌 역사적 원가를 중심으로 기록하도록 하고 있다. 그리하여 가치 투자자들은 장부 가치에 못 미치는 종목을 찾기도 하는데 이것을 보통 자산주라 부른다. 우리는 이것을 주식 투자에 연결하였을 때 기업의 현재 시가 총액이 대차대조표에 등록된 자산의 가치에도 미치지 못 한다는 의미로 보고 그 기업을 인수하고 바로 회사를 되팔아도 차익이 남는다는 것으로 해석할 수 있다.

대차대조표의 또 다른 중요한 특징은 왼쪽은 자산을 구성하는 항목을 기록하는데, 현금화가 쉬운 유동성이 큰 것부터 먼저 작성한다는 점이다. 즉 현금, 외상 매출금, 재고 자산, 건물의 순으로 현금화가 빠른 순서대로 맨 위부터 작성해간다.

현금, 외상 매출금, 재고 자산을 유동 자산이라 하는데 이는 정상적인 기업 경영으로 1년 이내에 현금화할 수 있는 것들이다. 반면 건물과 기계 설비 등은 기업의 정상적인 경영 활동으로 1년 이내에 현금화하기 어려운 것들로서 고정 자산이라 부른다.

대차대조표의 오른쪽은 부채와 자본을 나타내며 갚아야 할 시기가 빠른 것부터 먼저 기록한다. 외상 매입금, 지급 어음,

미지급 비용, 장기 차입금의 순으로 기록한다. 자본은 우선주, 보통주, 그리고 잉여금의 차례로 대차대조표를 작성하는 것이 일반적이다.

신문에서 순운전 자본이란 용어를 자주 접할 수 있는데 순운전 자본은 유동 자산에서 유동 부채를 뺀 값이며, 이는 앞으로 1년 이내에 현금화할 수 있는 자산이 1년 이내에 갚아야 할 부채보다 얼마나 더 큰가를 나타낸다.

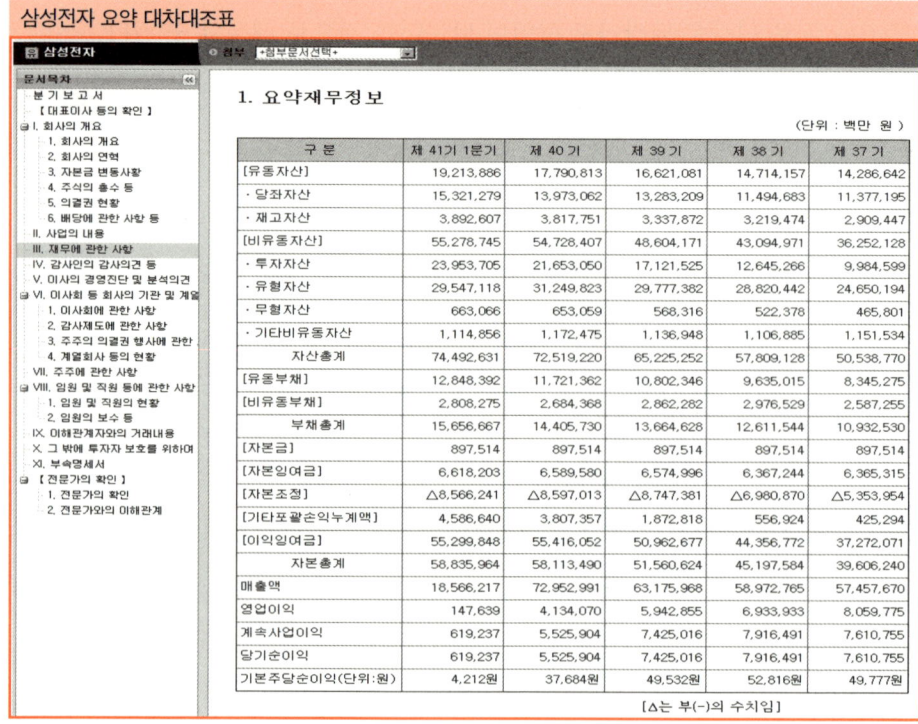

(출처 : 전자공시시스템)

손익 계산서

의미

손익 계산서는 일정 기간 동안 기업의 경영 성과를 나타내는 보고서로 일정 시점에서 기업의 재무 상태를 보여주는 대차대조표와는 다소 차이가 있다. 손익 계산서는 자산 등에 초점이 맞춰진 대차대조표와 다르게 손익에 관련된 보고서다.

매출액에서 영업 이익에까지 이르는 계산 부분은 기업의 정상적인 영업 활동에 관련된 수익과 비용에 대한 정보를 알려준다.

영업 이익의 아랫부분은 주된 영업 활동과 관련되지 않은 기업 활동으로 발생한 수익과 비용을 나타내며, 특히 비용 부문은 영업 활동으로 얻어진 성과를 기업과 이해관계를 가진 사람들에게 어떻게 배분했는지를 보여준다. 영업 외 비용 부문의 이자 비용은 기업이 부채를 사용한 대가로 채권자에게 지급한 금액을 나타내며, 법인세 비용은 기업이 국가에 납부한 세금을 나타낸다.

당기 순이익은 기업이 한 해 동안 벌어들인 수익에서 영업 활동과 부채 사용에 관련된 모든 비용과 세금을 공제한 후에 기업의 소유주인 주주에게 돌아갈 수 있는 몫을 나타낸다.

손익 계산서를 살펴볼 때 중요시해야 할 부분은 매출액과 영업 이익이다.

　　매출액을 보면 회사의 제품이 잘 팔리고 있고 영업이 잘 이루어지는지를 파악할 수 있다. 회사의 존폐 여부와 직결되는 항목이란 이야기다.

　　영업 이익은 특별 이익 등의 1회성 이익을 반영하지 않은 순수하게 회사의 영업 활동으로만 발생한 이익을 보여준다. 그러므로 순이익보다 영업 이익을 살펴보는 것이 더 중요하다고 할 수 있다.

삼성전자 손익 계산서

항목	2006.12	2007.12	2008.12	2009.03		전년동기(%)
매출액	589,728	631,760	729,530	185,662	171,073	8.5
매출원가	423,598	468,465	553,806	155,899	124,203	25.5
매출총이익	166,130	163,294	175,724	29,763	46,870	-36.5
판매비와 일반관리비	96,791	103,866	134,383	28,287	25,330	11.7
인건비	8,319	9,179	9,552			
감가상각비	1,445	1,679	1,787			
연구개발관련비용	33,023	34,116	37,840			
영업이익	69,339	59,429	41,341	1,476	21,540	-93.1
EBITDA	126,145	129,996	117,533	21,214	40,297	-47.4
영업외손익	22,823	26,871	17,742	5,351	4,617	
순금융비용	-2,085	-2,452	-3,747	-527	-1,161	
유가증권관련손익	553	101	934	151	150	
외화관련손익	1,079	-1,074	-5,061	-998	-2,432	
지분법손익	17,060	23,649	17,922	4,355	5,184	
세전계속사업손익	92,162	86,300	59,082	6,827	26,157	-73.9
법인세비용	12,997	12,050	3,823	635	4,281	
계속사업손익	79,165	74,250	55,259	6,192	21,876	-71.7
중단사업손익						
*법인세효과						
당기순이익	79,165	74,250	55,259	6,192	21,876	-71.7

현금 흐름표

의미

　재무 의사 결정을 하는 데 가장 기초적인 작업 중 하나는 현금 흐름을 정확하게 파악하는 것이다. 재무 의사 결정의 결과로 나타나는 현금 흐름을 모르면 합리적인 의사 결정을 할 수 없다.

　현금 흐름을 설명할 때는 현금 유입 또는 현금 유출이란 용어를 사용한다. 기업에 현금이 들어오는 것을 현금 유입이라 하고 기업에서 현금이 나가는 것을 현금 유출 또는 현금 지출이라 한다. 이 현금 수입과 현금 지출의 차이를 현금 흐름이라 한다.

　현금 흐름표를 보는 방법은 각 항목에 플러스(+) 표시가 있으면 기업 안으로 돈이 들어온다는 소리며, 마이너스(-) 표시가 있으면 기업에서 외부로 돈이 나가는 것을 말한다.

　영업 활동으로 인한 현금 흐름에 플러스 표시가 있어야 회사가 돈을 잘 벌고 있다는 말이며 마이너스 표시가 있다면 회사 영업 환경이 어렵고 이익을 못 내고 있다고 보면 된다. 재무 활동에 마이너스 표시가 있으면 회사가 돈을 잘 벌어서 은행 등에 빚을 갚았다고 생각하면 된다. 그러므로 영업 활동에 플러스를 유지하면서 재무 활동에 마이너스를 지속한다면 영업 활동에서 번 돈을 은행에 열심히 갚아가고 있다고 생각하면 된다.

투자 활동에 마이너스가 나는 것은 그만큼 회사가 투자를 하고 있다는 이야기다. 투자 활동은 금융 상품, 시설 투자 등에 현금의 유입과 지출을 발생시키는데 이것이 마이너스이면 주식이나 시설 등에 투자를 하고 있다는 의미다.

영업 활동이 잘 이루어지고 있는 상황에서 재무 활동과 투자 활동에 마이너스 표시가 있다면 아주 건강한 회사로 판단할 수 있다. 장사를 잘 하면서 빚은 줄여가고 장래를 위해 투자하고 있다고 해석할 수 있기 때문이다.

삼성전자 현금 흐름표

항목	2006.12	2007.12	2008.12	2009.03
영업활동현금흐름	128,742	132,643	106,333	-175
당기순이익(손실)	79,165	74,250	55,259	6,192
비현금수익비용가감	50,732	63,460	75,407	19,743
유무형자산감가상각비	56,806	70,568	76,192	19,737
유가증권관련손익	-553	-101	-934	-151
순이자비용	-216	-149	-25	
외화환산손익	-960	-23	3,538	2,733
지분법손익	-13,481	-15,745	-11,081	-1,581
기타	9,136	8,910	7,718	-995
운전자본감	-1,155	-5,067	-24,333	-26,110
매출채권증가	-6,237	-2,351	-16,003	-22,753
재고자산증가	-5,174	-3,660	-9,862	-1,953
매입채무증가	5	614	5,604	16,401
기타	10,251	329	-4,072	-18,205
투자활동현금흐름	-104,812	-96,884	-92,897	-3,827
유형자산취득	-100,782	-85,123	-94,886	-5,955
유형자산처분	3,112	4,202	2,560	95
무형자산감	-1,200	-1,486	-1,632	-349
투자자산증감	-11,901	-12,505	-14,813	-9,441
기타	5,960	-1,971	15,873	11,823
재무활동현금흐름	-24,685	-25,272	-10,102	210
차입금증가	-18,129	-18,254		
사채증가				
자본증가	-24,685	-26,445	-11,715	
배당금지급	-8,318	-8,191	-11,715	
기타			-47	
기타현금흐름				
순현금흐름	-756	10,488	3,334	-3,791
기초현금	10,536	9,780	20,268	23,602
기말현금	9,780	20,268	23,602	19,810

비율 분석 시 주의할 점

재무 비율 분석 또는 비율 분석은 일반 기업은 물론 은행, 보험 회사, 증권 회사 등에서도 많이 이용하고 있다. 다른 분석 방법이 많이 개발되어 있지만 비율 분석을 많이 사용하는 이유는 다음과 같다.

1_ 간단하며 이해하기 쉬워 경영학이나 재무 관리를 공부하지 않은 사람도 쉽게 사용할 수 있다.

2_ 의사 결정을 위한 자료 수집이 거의 필요 없다. 단순히 이미 작성된 재무 제표를 사용함으로써 많은 시간과 비용을 절약할 수 있다.

3_ 구체적이고 복잡한 기업 분석을 하기 이전 예비 분석으로서 가치가 있다. 재무 분석의 기초 단계에서 비율 분석을 하면 재무상의 문제점을 쉽게 발견할 수 있다. 그 문제점을 정밀하게 분석 평가할 때는 좀 더 고차원적인 분석 방법을 적용함으로써 효과적이고 능률적인 결과를 얻을 수 있다.

그러나 비율 분석에 지나치게 의존하는 것은 매우 위험한 태도이다. 여러 가지 이유를 들 수 있는데 그 하나하나가 비율 분석의 결정적인 문제점과 한계점을 지적하여 주고 있다. 구체적인 원인을 나열해본다.

1_ 재무 분석을 하는 근본 목적은 기업이 앞으로 의사 결정을 하는 데 도움을 받기 위한 것인데 비율 분석은 과거 회계 정보에 의존하고 있다. 시간에 따라 경제 상황이 변하고 생산 방식이 달라지며 경영 기법이 날로 발전하는 사회에서 과거 자료를 기준으로 미래를 예측한다는 것은 많은 한계점이 있다. 의사 결정에 중요한 것은 미래 상태이지 과거 상태가 아니다.

2_ 비율 분석은 재무제표를 중심으로 계산하여 평가하는데 재무제표는 일정 시점(회계 기간말)과 한 회계 기간을 기준으로 작성하므로 회계 기간 동안 계절적인 변화를 나타내지 못하고 있다.

예를 들어 회계 기간이 11월에 끝나는 의류 업체 재고는 대차대조표의 다른 항목과 비교하여 볼 때 대차대조표상에 엄청난 비중을 차지할 것이다. 크리스마스와 신년을 대비하여 많은 완제품, 반제품, 원료가 준비되어 있기 때문이다. 이때 재고량을 기준으로 재고 자산 회전율을 계산한다면 기업의 활동성을 바르게 측정하지 못할 것이다. 또한 이 의류 업체를 3월에 회계 기간이 끝나는 같은 업종 기업과 비교한다면 커다란 차이가 있을 것이다.

3_ 한 기업의 회계 처리 방법은 다른 기업의 회계 처리 방법과 다를 수 있다. 회계 처리 방법이 어느 기업이나 동일한 것은 아니며, 일반적으로 인정된 회계 원칙 아래서 똑같은 현상에 대해 여러 가지 다른 회계 처리 방법을 사용할 수 있음을 기억해야 한다. 이렇게 서로 다른 회계 처리 방법을 적용하여 작성한 재무제표에서 얻은 재무 비율 등으로는 올바른 비교를 할 수 없다.

4_ 같은 산업에 속하는 기업 사이에도 경영 방침이나 기업 성격에 따라 재무 비율에 커다란 차이가 생긴다. 예를 들어 의류상을 비교할 때 고급 제품을 취급하는 회사는 신용 거래가 많으며 저가 제품을 취급하는 곳은 현금 거래가 많으므로, 두 기업 간의 외상 매출금 회수 기간을 비교하여 우열을 평가할 수 없는 것은 당연하다.

5_ 표준 비율을 설정하는 데 어려움이 있다. 어떤 기업이 비율을 정확하게 계산하여 산업 평균 비율과 비교한다 하더라도 산업 평균 비율이 그 기업 특성에 맞는 최선의 비교 기준이라고 단언할 수 없다. 이는 표준되는 비율이 진정한 의미의 기준이 될 수 있는가 하는 문제다. 단순히 한 산업에 속하는 여러 기업 비율의 평균치가 표준이 될 수는 없다. 특정 기업에 맞는 표준 비율이 이론상으로는 있을 수 있으나, 실제로 그 비율의 객관적인 계산이 거의 불가능하기 때문에 비율 분석의 평가 기준에 대해서는 회의적일 수밖에 없다.

이러한 단편적인 비율 분석에는 많은 문제점과 한계점이 있다. 재무 비율을 이용한 보다 나은 분석 방법들이 발전되어 사용되고 있는데 가장 많이 사용되는 것은 ROI와 ROE를 이용한 분석이다. 여기에서는 이 두 가지에 관하여 설명하기로 한다.

ROI 분석

듀퐁사에서 개발하여 1930년대부터 사용되기 시작한 ROI(return on investment) 기법은 기업 목표를 투자 수익률로 정하고 이를 결정하는 재무 요인을 체계적으로 관찰해서 문제가 발생하는 재무 요인을 중심적으로 통제하는 방법이다.

한마디로 ROI이란 투자 수익률을 말한다. 투자 수익률은 순이익을 총투자액으로 나눈 것이다. 총투자액은 대차대조표상의 총자산 금액과 같고 이것은 다시 총자본과 같기 때문에 총자산 순이익률 또는 총자본 순이익률도 투자 수익률과 같은 의미로 쓰인다. 총자본 순이익률은 다음과 같이 수익성을 나타내는 매출액 순이익률과 활동성을 표시하는 총자산 회전율의 곱으로 표시한다.

총자본 순이익률 = 순이익 / 총자본 = 매출액 순이익률 x 총자산 회전율

다시 말해 ROI 기법이란 투자 수익률 증대를 목표로 하여 이에 영향을 미치는 여러 요인과 이들 관계를 파악, 분석하고 통제하는 것이다. 기업의 경영 성과와 효율을 투자 수익률과 관계된 재무 요인을 중심으로 체계적으로 분석, 통제하는 것이므로 '재무비 : 비율'을 기업 전체 입장에서 유기적으로 파악하는 종합적인 비율 분석의 하나이다.

ROE 분석

ROE(return on equity)는 자기 자본 순이익률로서 순이익을 자기 자본으로 나눈 값이며, ROI에 총자본 대비 자기 자본의 비율을 곱한 값을 말한다.

$$\text{자기 자본 순이익률} = \text{순이익} / \text{자기 자본}$$
$$= \text{투자 수익률(ROI)} \times \text{총자본} / \text{자기 자본}$$

자기 자본 순이익률은 기업의 실질적 소유주인 주주들이 투자한 자본이 벌어들이는 수익성을 나타내는 지표로서 주주들에게는 가장 중요한 재무 비율이라고 할 수 있다.

자기 자본 순이익률은 이익과 배당의 성장률을 결정짓는 기본 요인이다. 일정 조건에서 성장률은 자기 자본 순이익률과 이익의 내부 유보율의 곱으로 결정된다.

기업의 자기 자본 순이익률이 계속해서 높게 평가된다는 것은 수익성이 좋은 새로운 투자 기회들을 계속 확보한다는 것을 의미하며, 자기 자본 순이익률이 떨어진다는 것은 좋은 투자 기회를 갖고 있지 못함을 나타낸다.

주의할 것은 자기 자본 순이익률 공식에서 분모에 들어가는 순이익은 사실 '기업의 자기 자본+부채'를 활용해서 얻은 것이라는 사실이다. 그런데 어느 기업이 차입금에 의존하여 부채가 많은 상태에서 순이익을 올렸다면 이것을 어떻게 단순히 좋게 볼 수 있겠는가?

해당 회사 제품이나 영업력으로 승부한 것이 아니라 금융권에서 대출받은 돈으로 순이익을 늘려도 자기 자본 순이익률이 높아질 수 있다. 그러므로 자기 자본 순이익률을 확인할 때는 부채 비율도 함께 보아야 한다.

각종 지표

성장성 지표

 매출액 증가율

매출액 증가율은 회사의 가장 중요한 성장성 지표이다. 매출액이 늘지 않고서는 영업 이익, 순이익이 날 수 없다.

최근 매출액 증가율이 매년 증가해왔다고 해서 향후에도 지속된다는 보장은 없다. 그것은 영업 환경과 해당 회사의 상품 및 서비스의 시장 규모, 기술력, 연구개발 여부를 파악하고 회사의 경쟁력이 유지될 수 있는지를 살펴보면 정확히 알 수 있다. 지난 과거 수치는 매출액 증가율을 살펴보면 도움이 된다.

> 매출액 증가율 = (당기 매출액 - 전기 매출액) / 전기 매출액 × 100

 영업 이익 증가율

매출액이 계속 증가하고 영업 이익이 매출액 이익 증가율의 상승폭 이상으로 증가한다면 이익의 질이 높다고 평가할 수 있다. 반대로 매출액 증가율에 현저하게 작은 영업 이익 증가율이 나온다면 영업 환경이 좋지 않거나 새로운 경쟁자가 등장했는지 등의 여부를 조사하여 해당 회사에 지속적으로 투자할지 여부를 결정해야 할 것이다.

> 영업 이익 증가율
> = (당기 영업 이익 - 전기 영업 이익) / 전기 영업 이익 × 100

안정성 지표

 유동성 비율

유동성은 기업의 단기 부채를 상환할 수 있는 능력으로 정의한다. 엄밀히 말하면 유동성이란 기업이 현금을 동원할 수 있는 능력이라 할 수 있다. 이러한 유동성을 보여주는 비율 등을 유동성 비율이라 한다.

> 유동성 비율 = 유동 자산 / 유동 부채 × 100

 당좌 비율

당좌 비율은 유동 비율과 연관이 있으며 유동 자산에서 재고 자산을 뺀 부분 즉 당좌 자산을 유동 부채로 나눈 것이다. 유동 자산 중에서 재고 자산은 유동성이 가장 낮은 항목일 뿐 아니라 처분할 때에도 손실을 입을 위험이 크다.

그러므로 기업이 재고 자산을 처분하지 않고서도 단기 부채를 갚을 수 있는가가 중요하다. 이런 의미에서 보면 당좌 비율은 유동 비율보다 더 엄격히 유동성을 측정하는 것이다.

당좌 비율 = 당좌 자산 / 유동 부채 × 100

 부채 비율

부채 비율은 빚의 비율을 계산한 것이다. 내 자본에 부채가 차지하는 비중이 얼마나 되는지 파악한 것으로 업종별로 차이가 있으나 100퍼센트 미만이면 안전하다고 본다.

과거 1990년대 IMF 당시 국내 100대 기업의 부채 비율이 200~300퍼센트인 경우가 많았다. 그 중에는 외환 위기로 유동성 위기에 빠지고 과도한 부채 비율로 무너진 회사들이 많았다. 부채 비율은 경영 여건이 좋을 때는 부각되지 않지만 급작스런 위기 상황에서는 기업 경영에 상당한 부담으로 작용할 수 있다.

부채 비율 = 부채 총계 / 자본 총계 × 100

 자기 자본 비율

회사에는 내 돈과 남의 돈이 합쳐져 있다. 이것을 총자산이라 부르는데 자기 자본 비율은 과연 이 총자산에서 내 돈은 얼마나 있는가 보여주는 것이다.

부채 비율은 내가 가진 돈에서 남의 돈이 차지하는 비율을, 자기 자본 비율은 총재산에서 내 돈이 차지하는 비율을 나타낸다.

자기 자본 비율 = 자본 / 자산 × 100

수익성 지표

 총자본 이익률

총자본 순이익률은 순이익과 총자본의 관계를 나타내는 것으로서 기업의 수익성을 대표하는 비율이다. 이 비율은 투자 수익률이라고도 하며 간단히 ROI로 쓰인다.

총자본 순이익률 = 세전 순이익 / 총자산

 매출액 순이익률

매출액 순이익률은 순이익을 매출액으로 나눈 것으로 매출액 1원에 대한 순이익이 얼마인가를 나타낸다. 보통 매출 마진이라는 용어를 쓰기도 한다. 이 비율은 기업의 영업 활동 성과를 총괄적으로 파악하는 비율이다.

매출액 순이익률 = 순이익 / 매출액 × 100

영업 이익률

매출액 대비 영업 이익은 얼마일까를 알아보는 수치다. 보통 영업 이익률은 동종 업계 타 업체와 비교했을 때 얼마나 더 높은 이익률을 내고 있는지 확인할 때 유용하게 활용할 수 있다.

영업 이익률 = 영업 이익 / 매출액 × 100

활동성 지표

 재고 자산 회전율

재고 자산 회전율은 매출액을 재고 자산으로 나눈 값으로 재고 자산이 한 회계연도 즉 1년 동안 몇 번이나 당좌 자산으로 전환되었는가를 측정하는 것이다. 재고 자산 화전율이 낮다는 것은 매출액에 비하여 과다한 재고를 소유하고 있다는 것이며, 높다는 것은 적은 재고 자산으로 생산과 판매 활동을 효율적으로 수행하고 있다는 뜻이다. 주의할 것은 재고 자산은 취득 원가로 기록된다는 점이다.

재고 자산 회전율 = 매출액 / 재고 자산

매출 채권 회전율

매출 채권 회전율은 매출액을 외상 매출금으로 나눈 값을 말한다. 같은 매출액에 비하여 외상 매출금이 적을수록 매출 채권 관리를 잘하고 있다는 의미이므로 매출 채권 회전율은 클수록 좋다.

매출 채권 회전율 = 매출액 / 외상 매출금

신문에 자주 등장하는 용어 정리

PER (주가 수익 비율)
= 주가 / 주당 순이익

주가 수익 비율이 8.54라면 현재 회사의 순이익으로 9년 정도면 투자 자금을 회수할 수 있다는 소리다. 이 수치가 낮을수록 저평가되어 있다고 보면 된다.
주가 수익 비율을 동종 업계와 비교하여 저평가 여부를 가릴 때 사용한다. A라는 기업의 주가 수익 비율이 10이고 B라는 기업의 주가 수익 비율이 5이면 B라는 기업의 주가가 싸다고 생각하고, 이것을 타 기업 대비 저평가되었다고 한다.
필자는 주가 수익 비율을 크게 맹신하지는 않는다. 실제 주식 시장에서는 주가 수익 비율이 높아도 갖은 논리를 갖다 붙이고 합리화하여 주가가 계속 상승하는 경우가 많다. 주가 수익 비율이 낮은 종목은 계속 주가가 약세로 머무는 경우도 많다. 참고 지표로만 활용하기 바란다.

PBR (주가 순자산 비율)
= 주가 / 주당 순자산 (BPS)

주가 순자산을 주가와 비교해서 보는 것인데 보통 주가 순자산 비율이 1보다 작으면 저평가되어 있다고 본다. 즉 주가 순자산 비율은 주가가 순자산에 비해 1주당 몇 배로 거래되고 있는지를 측정하는 지표이다. 주가 순자산 비율이 2라면 회사가 망했을 때 10원 받을 수 있는 주식이 20원에 거래된다는 의미로 고평가되었다는 말이고 주가 순자산 비율이 1 미만이면 주가가 장부상 가치에도 못 미친다는 뜻이다. 약세장에 주로 사용한다.

ROE (자기 자본 이익률)
= 순이익 / 자기 자본

자기 자본 이익률은 수익성 지표이다. 주주들의 돈을 가지고 얼마나 많은 이익을 냈는가 나타내는 지표로서 자기 자본이 1,000원이고 당기 순이익이 100원이라면 자기 자본 이익률은 10퍼센트가 된다. 쉽게 말해 주주들이

1,000원을 투자한 회사에서 100원을 벌었다는 의미다.
주의할 것은 이미 앞에서도 말했지만 순이익이 나오는 과정에는 부채를 과다하게 이용해서 큰 이익을 내고 분모만 자기 자본으로 나누기 때문에 자기 자본 이익률이 과도하게 많이 나오는 경우가 있다는 점이다. 그러므로 부채 비율도 꼭 확인해야 한다.

ROA(총자산 이익률)
= 순이익 / 총자산

총자산 이익률은 당기 순이익을 총자산으로 나눈 수치다. 이때 자산은 자본과 부채를 합한 값을 말한다. 쉽게 말해 주주의 돈과 빌린 돈 등을 모두 이용해 얼마의 수익을 냈는지 나타내는 값이다.

ROIC(투하 자본 수익률)
= {법인세 차감 전 영업 이익(EBIT) × (1-법인세율)} / 투하 자본

차트에는 표시되어 있지 않지만 최근 많이 쓰이는 수익성 지표이다. 투하 자본 수익률이라는 말 그대로 순수하게 투자한 자금과 세후 영업 이익과의 관계를 나타낸다.
예를 들어 신세계의 세후 영업 이익이 1조 5천억 원이고 같은 기간 투하 자본이 8천억 원이라고 하면 투하 자본 수익률은 '3천억 원 / 9천억 원 × 100'을 한 값 33퍼센트이다.

부채 비율
= 부채 총액 / 자기 자본

부채는 아무래도 자기 자본을 넘지 않는 100퍼센트 이하가 좋다. 적을수록 좋지만 부채 비율이 너무 적으면 오히려 사업을 소극적으로 운영하고 있지는 않은지 생각해볼 필요가 있다. 투자를 제때 해야 하는데 빚지는 것을 우려해 투자 시기를 놓치면 사업 확장 시기를 놓칠 수도 있기 때문이다.

유보율
= 잉여금(자본 잉여금 + 이익 잉여금) / 납입 자본금

자본 잉여금은 자본 거래에 의해 발생된 잉여금으로 주식 발행금, 주식을 처분하여 남긴 금액 등이 있다. 이익 잉여금은 영업 활동으로 생긴 잉여금을 말하며 납입 자본금은 사업을 위해 초기에 투자된 돈을 말한다.
유보율이 증가하려면 잉여금이 증가하거나 납입 자본금이 줄어야 하는데 납입 자본금은 감자를 하는 경우가 아니라면 줄지 않는다. 그러므로 유보율이 계속 증가한다면 회사의 잉여금이 계속 쌓이고 있다는 소리다.
유보율이 높을수록 불황에 대한 적응력과 무상증자(無償增資 : 적립금의 자본 전입이나 주식 배당 따위의 출자와 같이 자본의 법률상 증가만을 가져오는 명목상의 증자. 증자된 자본금에 해당하는 만큼 새로운 주식을 발행하여 구주 소유자들에게 무상으로 배당한다.) 가능성도 높다. 부채 비율과 함께 기업의 안전성을 측정하는 데 자주 활용한다. 부채 비율이 낮을수록, 유보 비율이 높을수록 기업의 안전성이 높다고 할 수 있다.

유동 비율
= 유동 자산 / 유동 부채

업종에 따라서 적정 비율이 다르다. 유동 비율이 1 이하라면 1년 이내에 현금화할 수 있는 자산이 1년 이내에 만기가 도래하는 부채 비율보다 적다는 것으로 위험 신호에 해당한다. 유동 비율이 최소 2 이상 되어야 이자를 지급하는 데 문제가 없다고 본다.

매출 채권 회전율

매출 채권이 현금화되는 속도를 측정하는 지표이다. 매출 채권은 외상이므로 실제로 회수되는지를 확인할 필요가 있다. 회전율이 높을수록 현금화되는 속도가 빠르다는 소리다.
매출 채권 회수 기간은 업종에 따라서 차이가 있지만 50일 이하인 회사를 좋은 기업으로 분류한다. 손익 계산서에 많은 매출액과 이익을 거둔 것으로 표시되어도 자금 회수가 늦어지면 자금 흐름이 악화되고 경우에 따라서 흑자 도산이 날 수도 있다.
요즘은 현금 흐름표를 이용해서 실제 돈이 오고 가는 내용을 파악하고 있으므로 참고하기 바란다.

매출 채권 회전율 = 매출액 / 평균 매출 채권
평균 매출 채권 = 기초 잔액 기말 잔액 / 2
매출 채권 회수 기간 = 365일 / 매출 채권 회전율

주당 순현금

현금이 많다는 것은 향후 배당, 설비 투자, 유동성 위기 등과 같은 외부 영향을 크게 받지 않는다고 볼 수 있다. 하지만 기업은 지속적으로 성장하고 투자를 해야 하는데 현금을 유보만 해놓는다면 이 또한 좋은 기업이라고 볼 수 없을 것이다. 현금의 적정성 여부는 해당 기업을 분석하는 투자자에 따라서 가치 평가가 달라질 수 있으므로 참고하기 바란다.

주당 순현금 = (현금 및 현금성 자산 - 비유동 부채) / 발행 주식 수

이자 보상 비율

기업의 이자 지급 능력을 보여주는 지표이다. 쉽게 말해 회사가 이익금으로 이자를 감당할 수 있는가를 판별할 때 사용한다. 경기 불황으로 시중에 자금의 유동성이 위축되어 있을 때 회사 자체의 이익금으로 잘 버텨나가는지 최소한의 기업 안전성을 평가해준다.

영업 이익률
= 영업 이익 / 매출액

손익 계산서에서 영업 이익과 매출액을 특히 중요하게 여기는 이유는 기업이 사업을 얼마나 잘했는지를 나타내주기 때문이다. 매출액과 영업 이익 증가율의 높고 낮음이 사양 산업, 성장 산업 속에서 해당 회사가 우량 기업인지를 파악하는 기준이 된다. 산업 성장률은 낮은데 기업 성장률이 높다면 해당 기업은 경쟁력이 있으며 우량한 기업으로 볼 수 있다.

PSR (주가 매출 비율)

주가를 주당 매출액으로 나눈 것으로 기업의 성장성에 주안점을 두고 상대적으로 저평가된 주식을 발굴하는 데 이용되는 성장성 투자 지표다. 주가 매출 비율이 낮은 기업일수록 성장 잠재력에 비해 주가가 저평가된 것으로 볼 수 있다. 주가 수익 비율, 주당 순이익과 달리 미래의 매출액 성장치를 예측해볼 수 있는 지표로 당장의 수익성보다는 미래 가치가 중요시되는 벤처 기업이나 국내 코스닥 등록 기업의 평가에 유용한 지표로 평가받고 있다.

주가 매출 비율은 매출액 순이익률과 주가 수익 비율의 곱이기도 하므로 주가 수익 비율이 동일할 경우 매출액 순이익률이 낮은 기업이 상대적으로 수치가 낮아지는 단점이 있다. 따라서 주가 매출 비율과 함께 매출액 증가율, 영업 이익률을 동시에 고려하여 성장, 성과, 수익성을 평가해야 한다.

주가 매출 비율에 관련된 재미난 사례가 있다. 과거 미국의 대공황 시절에 한 투자자가 주가 매출 비율이 1에도 미치지 않는 기업에 100달러씩 나눠서 투자를 했는데 훗날 시장이 살아나면서 투자 원금 대비 수십 배에 이르는 수익을 챙겼다는 이야기가 있다.

주가 매출 비율은 국내에서 많이 활용하는 지표는 아니다.

배당 수익률

배당 수익률은 전년도 1주당 배당금을 현재의 주가로 나눈 것이다. 이것은 전기와 동일한 비율로 배당한다고 가정할 경우 현재 주가로 주식을 매입하면 몇 퍼센트의 배당 수익을 얻을 수 있는가를 알아보기 위한 지표이다.

배당 수익률이 높으면 종합 주가 지수 등이 하락할 때도 다른 종목에 비해 하락폭이 적고 하방경직성이 강하다. 반대로 종합 주가 지수가 크게 상승하여도 상승폭은 크지 않다.

통상적으로 배당 수익률은 어느 특정한 시점에서 나타나는데 주가 하락기에는 배당 수익률이 높아지게 된다. 따라서 단순히 배당 투자를 목적으로 하는 경우 주가 하락기에 배당 수익률이 높은 종목을 고르면 높은 수익을 얻을 수 있다.

4 쉽게 적용 가능한 차트 매매

이동평균선이 정배열로 되어 있는 종목에만 관심을 두라

정배열이란 이동평균선이 5일선, 20일선, 60일선 순서로 나란히 위치해 있는 것을 말한다. 정배열 종목들은 수익률이 괜찮으므로 되도록 매매하는 것이 좋다. 회사 내부적으로도 실적이나 호재가 있기 때문에 지속적으로 상승하는 경우가 많다. 꼭 공시나 뉴스로 좋은 내용이 발표되지 않아도 주가의 흐름만 보아도 시세가 정배열로 잘 오르고 있다면 회사 상황이나 주변 여건이 좋다고 대략 짐작해 볼 수 있다.

5일 이동평균선

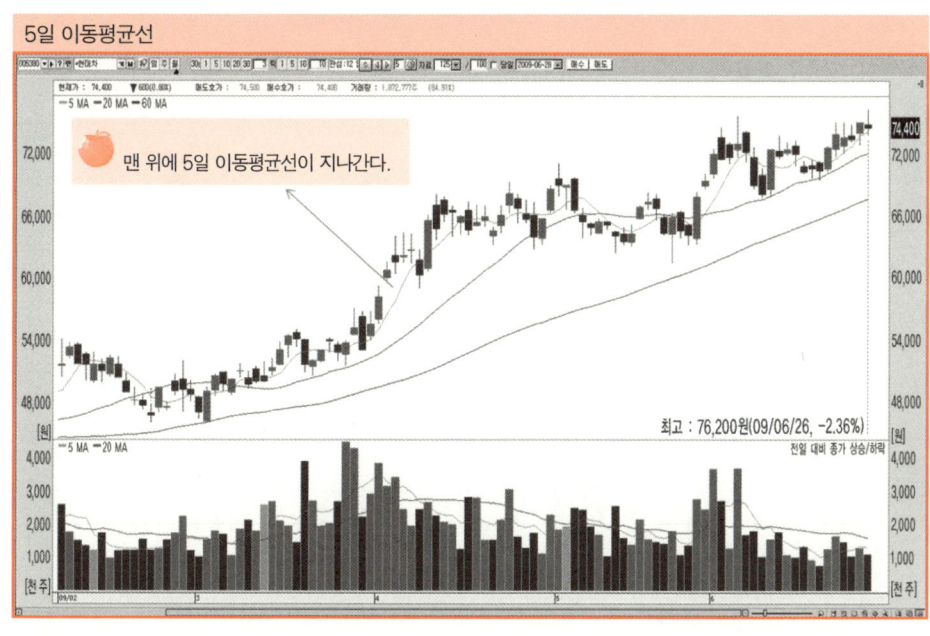

20일 이동평균선

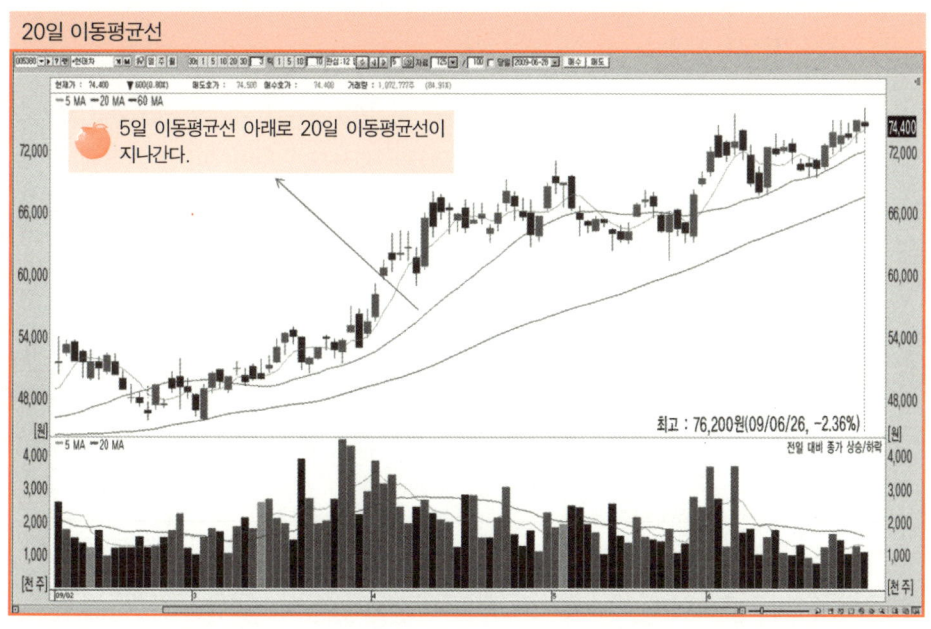

맛있는 사과의 주식 정리

정배열 형태로 오른쪽 위로 상승하는 종목은 외국인, 기관이 매수하고 있는 경우가 많아서 수급이 좋다. 더불어 회사의 펀더멘털이 현 시장에서 인정받고 있거나 향후 나올 실적이 좋다는 것을 미리 예고한다. 실제로 이런 내부적으로 좋은 뉴스나 실적이 기사화되는 시점은 오히려 상투가 되는 경우가 많으므로 꼭 숙지해야 한다.

"소문에 사서 뉴스에 팔아"란 격언이 그냥 나온 것은 아니다.

정배열 종목을 사고 역배열 종목은 건들지도 마라

2009년 6월 증시가 혼조인 상황에도 정배열로 신고가를 갱신해가며 오르는 종목이 있었다. LG전자, 현대차, 삼성전자 등이 그런 종목들이다. 실적 호조가 예상되어 기관과 외국인이 매수를 했기 때문이다. 그런데 사람들은 '많이 오른 것 아닌가?'란 생각으로 역배열로 떨어지는 종목을 낙폭 과대라고 하거나 저렴하다고 하면서 가격에 집착했다. 중요한 것은 앞으로도 회사가 성장하며 실적이 좋아질 것인가 하는 가치인데 가격에 집착하는 것은 분명 문제가 된다.

회사를 특별히 분석할 시간이 없거나 종목 선정에 자신이 없다면 정배열 종목만 찾아가며 매매하는 것이 오히려 안전하고 수익률도 올리는 방법이다.

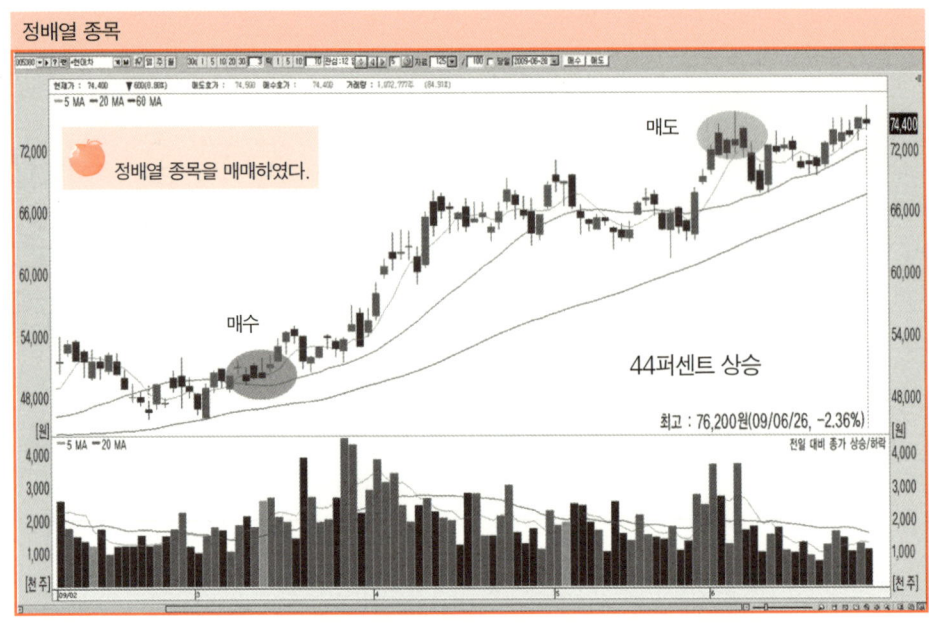

174 4부 쉽게 적용 가능한 차트 매매

맛있는 사과의 **주식 정리**

'싸다'는 이유로 많이 빠진 종목을 매매하려는 습관을 버려야 한다. 오르는 종목을 고르고 싶다면 정배열 종목으로 접근하라. 계속 빠지는 종목을 추가 매수하다가 본의 아니게 그 회사의 대주주가 되고 싶지 않다면 말이다.

정배열 종목이
없을 때는
투자 심리선을
이용하라

정배열 종목이 없을 때는 투자 심리선이 20 이하로 진입한 후 2일 뒤 시가에 매수하면 안전하다. 이때 매수 후 목표 수익률은 10퍼센트 내외가 적당하다.

역배열 종목은 지수가 하락하는 기간에 나타나기 시작한다. 매매에 자신이 없다면 역배열 종목이 늘어날 때는 주식을 하지 말고 쉬는 게 가장 좋다.

하지만 매매를 해서 단기 수익을 올리고자 한다면 최근 12일 동안 나타난 전일 대비 상승 일수를 누계하고 이를 12로 나누어 백분율로 표시한 투자 심리선을 이용하면 유용하다.

투자 심리선이 75퍼센트 이상이면 상승을 많이 했다는 소리이므로 과열권, 20퍼센트 이하이면 하락을 많이 했다는 것이므로 과매도권 즉 낙폭 과대로 볼 수 있다.

　반드시 기억해야 할 것은 역배열 종목은 고점에서 물린 사람들이 많고, 시장 상황이 안 좋아서 주가가 조금 오르면 본전에 팔려는 이들이 많으며, 시황이 안 좋은 상태이므로 기관이나 외국인도 과감하게 매수를 하지 못한다는 점이다. 그러므로 과매도권에서 매수하면 단기 수익만 보고 재빠르게 나와야 한다. 주식이 몇 일 좀 오른다고 다시 주가가 크게 상승하는 것은 아닌가 생각하고 이익 실현을 하지 못하고 계속 보유하고 있으면 원금 손실이 크게 날 수도 있으므로 꼭 염두에 두어야 한다.

맛있는 사과의 **주식 정리**

역배열 종목은 투자 심리선과 스토캐스틱 차트를 이용하고, 정배열 종목은 외국인과 기관이 매수하는 것을 사고, 20일 이격도(주가와 20일 이동평균선과의 괴리율을 말한다. 주가와 이동평균선이 일정 기간 벌어지면 다시 좁혀지려는 성질을 이용해 최대폭으로 벌어졌을 때 주식을 매수한다.)가 115를 넘어가면 과열권이므로 이익을 실현하는 방법으로 매매를 하면 도움이 될 것이다.

신고가 종목에
관심을 두라

　신고가를 갱신했다는 것은 가장 높은 가격이 형성될 수도 있다는 말이지만 본격적인 새로운 큰 시세가 날 수도 있다는 이야기다.
　제발 떨어지는 종목을 '가격이 싸다'라는 논리로 접근하지 마라. 가치가 싸다는 것과 가격이 싸다는 것은 엄연히 다르다.
　가치란 것은 현재 시점에서 회사의 매출과 이익이 늘어나는 것에 초점을 맞추면 된다. 어려운 재무제표는 이 책에서 언급한 기본적인 부분만 보아도 충분하다.

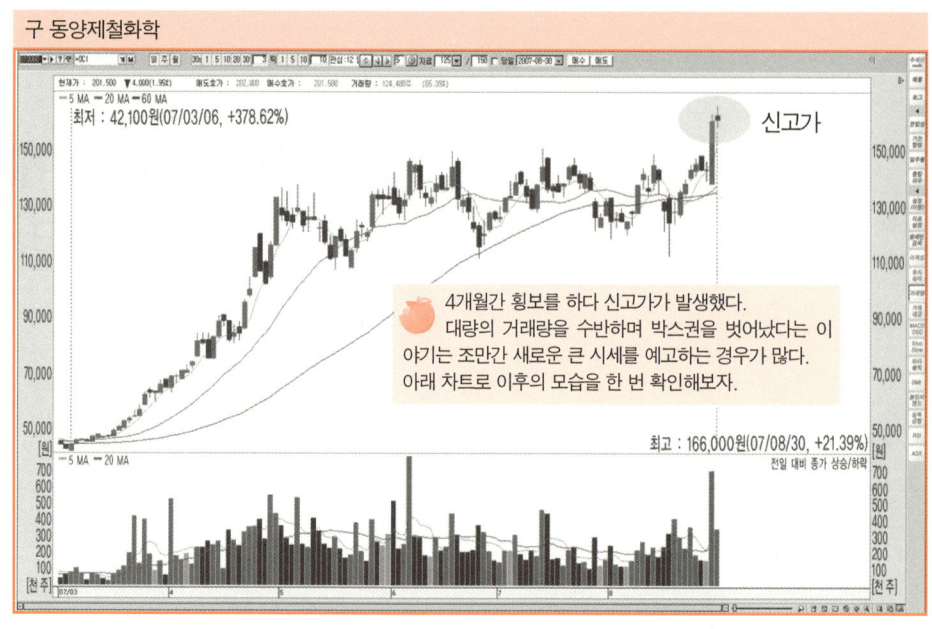

180 **4부** 쉽게 적용 가능한 차트 매매

신고가 종목의 특징은 신고가를 갱신하면 그 가격에서 최소 10~50퍼센트까지 급등한다는 점이다. 시황에 따라 달라지지만 신고가를 갱신하고도 100퍼센트 이상 오르는 경우도 많다.

맛있는 사과의 **주식 정리**

한 달에 100퍼센트 이상 수익을 내는 고수들은 대부분 고점을 돌파하는 종목 혹은 연속 상한가를 치는 종목을 매수한다.

몇 일 사이에 20~30퍼센트씩 주가가 상승하는 데도 매수를 하는 이유는 신고가를 치며 오르는 종목은 시장의 관심을 받으며 단기적으로 수급이 좋아져서 탄력 있게 오른다는 것을 알고 있기 때문이다.

각종 악재에도
하방경직성을
유지한다면
관심을 가져야 할
대상이다

횡보는 딱 두 가지 특징으로 나뉜다. 횡보가 끝나는 무렵에 주가가 크게 오르거나 크게 빠지는 것이다.

주의할 것은 주가가 크게 빠지는 경우인데 필자는 각종 악재가 쏟아지는데도 외국인이나 기관이 매수를 하고 주가가 특정 가격대에서 더 이상 빠지지 않으면 추가 하락보다 상승 쪽에 무게를 두고 계속 지켜본다. 그러다 거래량이 증가하면서 4퍼센트 이상 상승세로 박스권을 돌파하면 그날 종가에 사거나 그 다음날 매수를 시작한다. 완전 바닥보다는 5~10퍼센트 비싸지만, 언제 횡보가 끝날지 모르는 상황에서 기회비용을 살릴 수 있고, 추가 하락하지 않는 것을 확인하고 매수하는 것이기 때문에 오히려 투자자에게는 득이 된다.

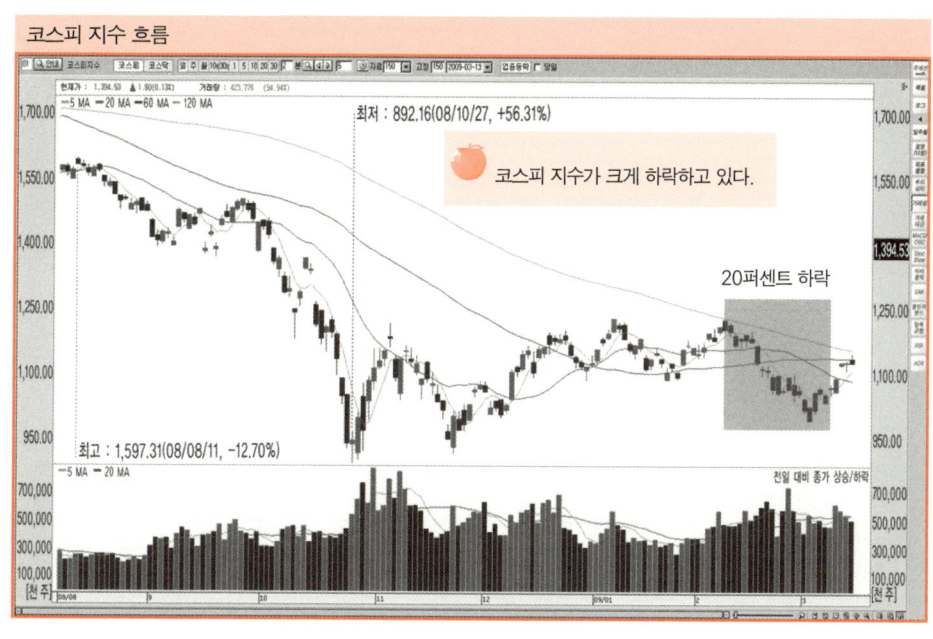

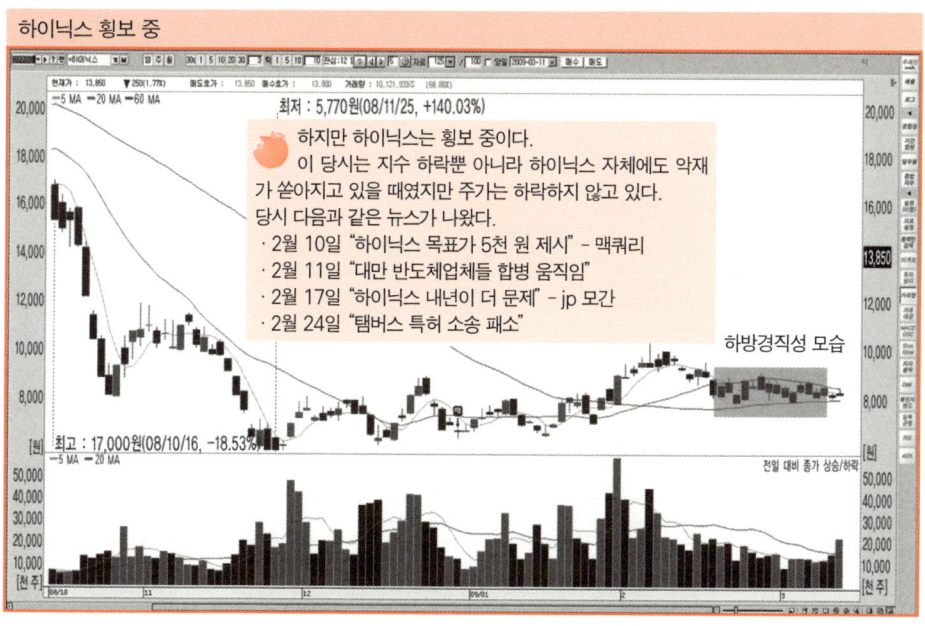

183

맛있는 사과의 주식 정리

하이닉스처럼 거래소 대형주의 지수가 빠지는 동안 하락하지 않았을 때는 의심을 해보아야 한다. 더욱이 각종 악재가 쏟아지는데도 주가가 현 시세를 유지한다는 것은 조만간 큰 오름이 있을 수 있다는 이야기다. 주가가 떨어져야 할 자리에서 하락하지 않는다면 대부분 오르고, 올라야 할 자리에서 오르지 못하면 조만간 하락 반전할 수 있다.

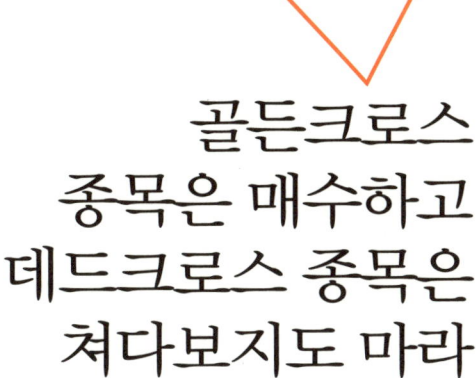

골든크로스 종목은 매수하고 데드크로스 종목은 쳐다보지도 마라

골든크로스는 5일 이동평균선이 20일 이동평균선 위로 올라가는 현상으로 대세가 강세 경향으로 접어들었다는 확인 신호이고, 데드코로스는 5일 이동평균선이 20일 이동평균선 밑으로 하향하는 현상으로 대세가 약세로 접어들었다는 확인 신호이다.

골든크로스는 추가 상승 가능성이 크고, 데드크로스는 추가 하락 가능성이 크다. 단순하고 교과서적인 이론이지만 상당히 정확도가 높아서 실제 매매에 굉장히 중요하므로 꼭 기억하기 바란다.

사람들은 기본은 무시한 채 대단한 기법을 찾으려 하지만 실제는 이런 기본적인 방법이 안정적이고 꾸준한 수익을 가져다 준다.

그럼 골든크로스와 데드크로스가 어떤 모양인지 차트를 보며 확인해보자.

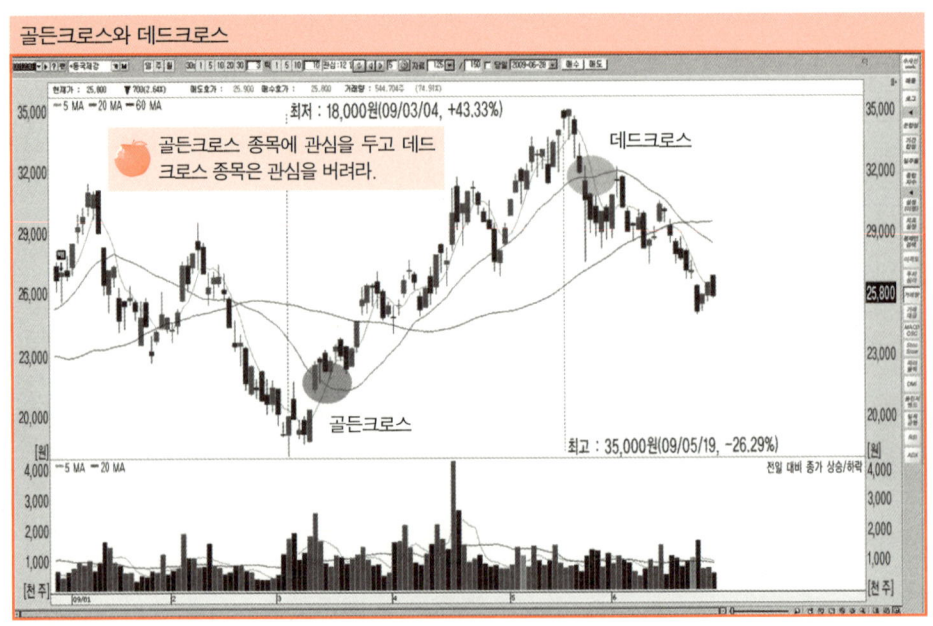

맛있는 사과의 **주식 정리**

보유 종목이 데드크로스가 나는 경우는 손실이 났더라도 손절매를 하고 해당 종목에서 나오는 것이 안전하다. '오르겠지. 좀 더 두면 되겠지' 하는 기대감으로 본의 아니게 해당 종목을 몇 년간 보유하고도 수익이 마이너스 50퍼센트인 계좌를 필자는 수도 없이 많이 보았다.

애초에 보유하지 않았다면 데드크로스 종목은 관심을 두지 않는 것이 좋다. 이미 보유하고 있는 종목에 데드크로스가 발생하면 일단 해당 종목을 팔고 나오는 것을 심각하게 고려해봐야 한다.

종합 주가 지수의 상투는 거래 대금으로 판단하라

거래량은 큰 폭으로 증가하지 않지만 거래 대금이 큰 폭으로 증가한다면 하락을 염두에 두어야 한다. 그런 시세가 나온 후 5일 이동평균선이 20일 이동평균선 밑으로 하락하는 데드 크로스가 나온다면 보유 펀드와 주식을 과감하게 환매하거나 매도해야 한다.

거래 대금이 증가하고 뒤늦게 지수가 크게 오르는 것을 보면 필자는 시중의 유동 자금이 시장으로 들어온다고 생각하고 매도 관점으로 본다.

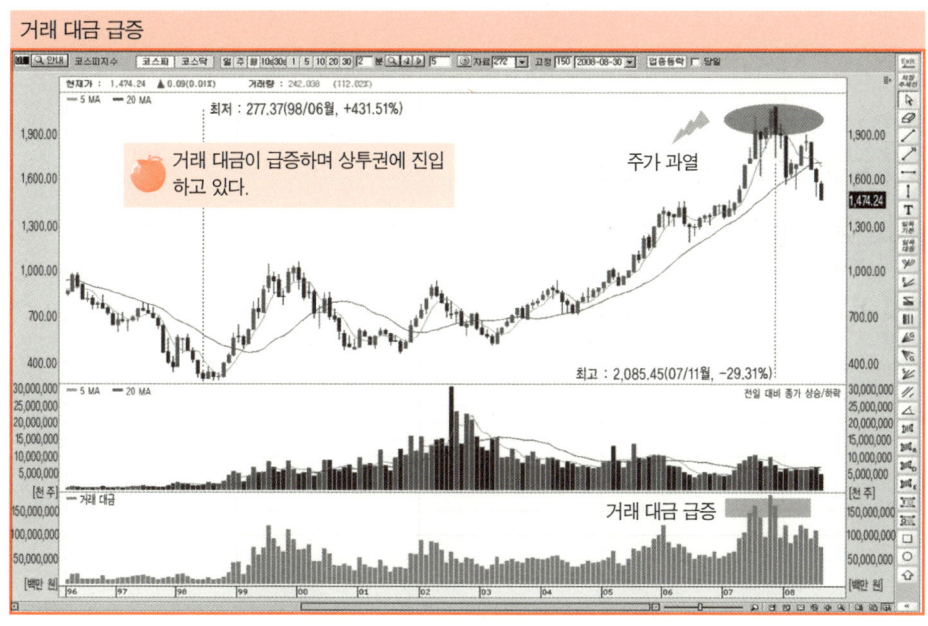

맛있는 사과의 주식 정리

거래 대금이 증가한다는 것은 많은 투자자들이 몰린다는 뜻이다. 경험에 의하면 그렇게 시중에서 모여든 자금은 결국 시장의 법칙으로 통하는 8:2 법칙에 따라서 상투를 찍고 하락한다. 주가가 과열권에 접어들면 정부에서 금리 인상 등의 제재를 가하는 데다 선취매(어떤 호재 등의 요인에 의하여 주가가 상승하리라고 예상하는 경우 그 주식을 남보다 앞질러 매입하는 것)했던 투자자들의 차익 실현 물량으로 하락세로 접어들고 만다.

이런 차트 모양 나올 때 할 일은 매도, 매도, 매도

일별 차트에서 5일 이동평균선이 상승 3파동이나 5파동이 나오는 경우, 데드크로스나 장대음봉(종가가 4퍼센트 이상 빠진 날 시가가 당일의 최고가이고 종가가 당일 최저가 근처에 있는 경우를 말한다)이 보이는 경우, 쌍봉(두 개의 봉우리)이 나타나는 경우는 그날 종가로 주식을 매도하고 나오는 것이 안전하다.

주가는 추세가 중요하다. 상승 3파동이나 5파동까지 나올 정도면 해당 주식은 최소 30퍼센트 이상 단기에 오른 것이므로 상승에 대한 피로도가 상당할 것이기 때문이다. 여기서 피로도가 커지는 원인은 신규 매수자는 상승에 대한 부담감으로 매수에 대한 부담감을 느끼고 기존 보유자들은 이익 실현에 대한 강한 욕구가 생기는 구간이기 때문이다.

상승 3파동, 5파동이 나오고 장대음봉의 몸통에 긴 파란색 캔들이 나온다면 매도를 심각하게 고려해봐야 한다.

맛있는 사과의 **주식 정리**

5일 이동평균선은 주식 차트에서 생명선으로 불릴 정도로 중요하다. 우상향으로 한 번 상승세가 나오는 경우를 1파동으로 본다. 그 다음 2~3일 조정이 나오고 다시 우상향을 그리며 오를 때 2파동 그리고 또 조정 후 다시 오르는 경우 3파동으로 본다. 이렇게 5파동이 진행되면 시세가 당분간은 오르기 어렵다. 이때는 매도를 고려해야 한다.

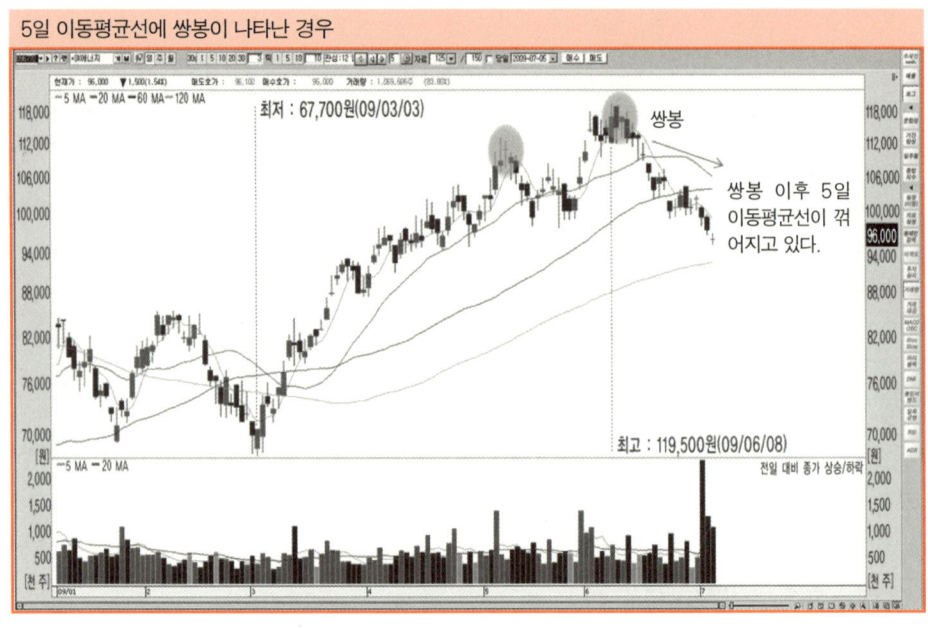

맛있는 사과의 **주식 정리**

오른쪽 원 부분이 쌍봉을 그린 모습이다. 그런데 주가가 쌍봉을 그릴 때 무조건 팔면 안 된다. 왜냐하면 저렇게 횡보하다가 재차 신고가를 갱신하며 오를 수도 있기 때문이다. 기다렸다가 5일 이동평균선이 우하향으로 내려오는 때를 확인하고 그날 종가에 매도하고 나와도 늦지 않다. 재매수에 좋은 타이밍은 60일 이동평균선 구간 또는 120일 이동평균선 구간이다.

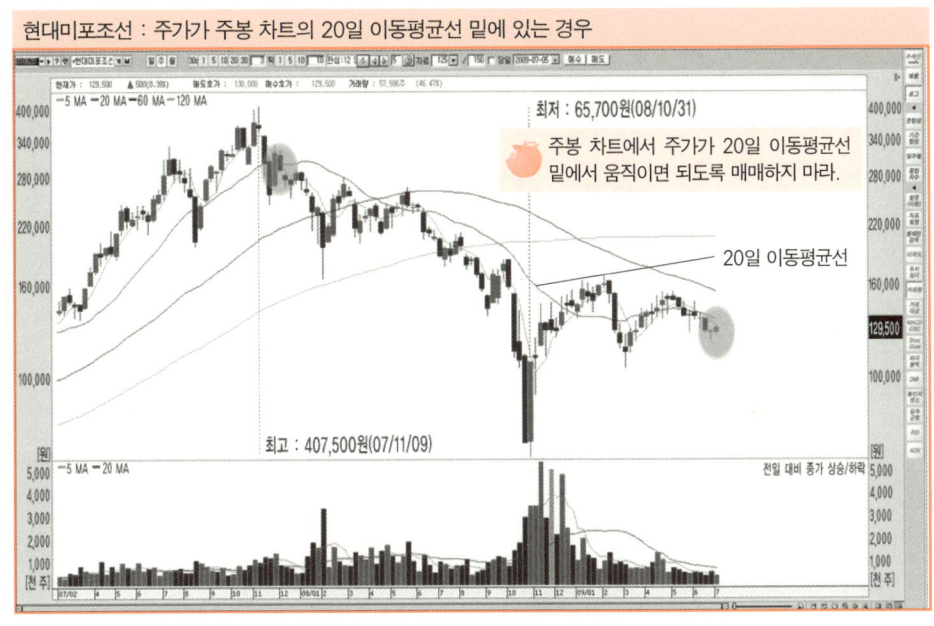

맛있는 사과의 주식 정리

주봉 차트는 해당 회사 주가의 전체 흐름을 보여주는 역할을 한다. 그런데 주가가 중요한 추세선인 20일 이동평균선 밑에서 움직이며 우하향하는 모습을 보인다면 주식 시장이 좋아도 해당 종목은 증시 시황과 다르게 지속적으로 약세를 보일 가능성이 높다.

거래소에 상장된 주식은 많다. 굳이 이런 종목을 매매할 필요는 없다.

주가가 20일 이동평균선을 돌파해서 우상향으로 가려고 하거나 이미 정배열로 오르고 있는 주식을 사야 한다. 싸니까 역배열 종목을 사겠다고 하는 투자자는 조만간 다른 투자자들에 비해 주식 뿐 아니라 계좌의 잔고까지 낮아지는 것을 겪게 될지도 모른다.

🍊 맛있는 사과의 **주식 정리**

기업 분석이나 업황 분석을 자세히 하지 않고 차트만 보더라도 추세가 살아 있는 종목 즉 주봉 차트에서 주가가 20일 이동평균선 위에 있는 종목을 사야 시장 대비 높은 수익을 챙길 수 있다.

주식명언 1

- 대중이 가는 뒤안길에 꽃길이 있다.
- 생선의 꼬리와 머리는 고양이에게 주라.
- 움직이지 않는 주식에는 손을 대지 마라.
- 하루, 이틀의 잔파도는 타지 마라.
- 여유 자금으로 투자하라.
- 매입은 천천히, 매도는 신속하게 하라.
- 나누어서 사고 나누어서 팔아라.
- 소문에 사고 뉴스에 팔아라.
- 내부자의 조언도 100퍼센트 믿어서는 안 된다.
- 뉴스를 과신 말고 기사는 행간을 읽어라.

5 수익 나는 펀드 가입 방법

펀드 가입의
허와 실

> 66 펀드 가입 시 가장 중요한 것은 자산운용사의 네임 밸류가 아니라 가입 시기다 99

　2006년과 2007년은 국내 종합 주가 지수가 하루가 멀다 하고 급등하던 시기였다. 주식을 안 사면 왠지 손해보는 것 같아서 너나 할 것 없이 묻지마 펀드 가입을 하였다. 은행을 들르면 필자에게도 직원들이 투자자들의 수익률을 보여주면서 펀드 가입을 권하곤 했다. 당시는 수익률을 보고서는 가입을 안할 수 없을 정도로 대한민국 모든 직장인들에게 펀드가 매력적으로 보이던 시기였다.

적립식 펀드를 권했던 직원에게 당시 필자가 했던 말이다.

"지금 눈에 보이는 수익률은 과거에 가입한 사람의 수익률이지 제가 지금 가입해서 얻을 수 있는 것은 아니지 않습니까? 오히려 저런 높은 수익률을 올렸다는 것은 그만큼 비싸진 시점에 제가 가입하는 꼴이니 머지 않아 주가가 하락할 때 큰 손실을 보는 것은 뒤늦게 가입한 제가 아니겠습니까?"

이 말을 하고 나서 6개월 후부터 여기저기서 펀드 손실로 마음고생하는 사람들이 눈에 띄기 시작했던 기억이 난다.

모 자산운용사에서 8년 전 판매했던 펀드 수익률이 700퍼센트를 기록했다는 소문이 퍼지면서 펀드 가입자 수가 한 회사로 쏠리는 현상까지 나타났다. 그러나 펀드 수익률은 큰 차이가 없다고 생각한다. 펀드는 가입한 시점이 중요하지, 특정 운용사의 실력이 월등해서 주가가 하락하는데도 플러스 수익률을 기록한다든지, 손실을 회피할 수 있는 경우는 없기 때문이다. 오히려 펀드 자산의 규모가 커짐에 따라 몸집이 무거워져서 시장 상황에 맞춰 즉각즉각 대응하지 못하는 경우도 있다.

그런데 이런 기본적인 것은 따져보지 않고 무작정 묻지마 투자를 하거나 특정 운용사의 과거 수익률을 보고 그것이 마치 향후 자신의 수익률이 될 것처럼 생각하고 가입한 투자자들은 2008년과 2009년 반토막이 나 있는 계좌를 보며 마음을 쓸어내렸을 것이다.

펀드 가입 시기는
무엇으로
판단할까

> ❝ 투자하려는 국가의 종합 주가 지수를 확인해야 한다 ❞

러시아, 중국, 베트남, 브라질 등 할 것 없이 어느 국가에 투자를 하든 해당 국가의 종합 주가 지수를 반드시 HTS나 인터넷 등을 통해서 확인해야 한다. 이는 펀드 가입 시 가장 중요한 부분으로 펀드 가입 약관을 읽어보는 것이나 운용 회사를 선택하는 것보다 더 중요하다.

'약관을 잘 읽어봐라, 수수료를 잘 확인해야 한다' 등은 거의 모든 펀드 관련 책자에서 말하고 있고 기본적으로 투자자가 챙겨야 할 사항이다. 사실 자신이 잘 안 챙겨도 구입 시 판매 직원이 기본적으로 알려주는 사항이기도 하다. 요즘은 자본시장과금융투자업에관한법률(자통법)이 개정되어 판매 직원들이 더 상세하게 알려주고 있다. 자칫 불완전 판매로 펀드 손실에 대한 손해 배상을 해야 할 수도 있는 시대가 되었기 때문이다.

하지만 해당 국가의 경제 상황이나 주가 수준, 그리고 위험 요인에 대해 이야기해주는 곳은 단 한 군데도 보거나 듣지 못했다. 주식이나 펀드 관련 책자를 읽어도 마찬가지다.

브라질이란 나라에 대해 얼마나 알고 있는가? 필자는 아직 브라질을 가보지 못했다. 그런데 자신이 가보지도 못했고 어떻게 돌아가는지도 모르는 나라의 펀드에 가입한다고? 내 돈을 그 나라에 투자한다고? 잘 모르는 국가에 투자를 하다니 말이나 되는가!

또 러시아는 어떤가? 러시아란 나라에 대해서 얼마나 많은 정보를 알고 확신하는가? 미안하지만 필자는 현재 러시아 대통령이 누군지도 모른다. 그만큼 관심이 없다는 것인데 비단 필자만 그렇지는 않다고 생각한다.

얼마 전 코스피 지수가 1,000포인트 전후일 때 필자는 주변 투자자들과 지인들에게 지금은 눈 감고 우량주를 사서 담아야 하는 시기라며 피력하고 다녔다. 당시는 코스피 지수가

500까지 간다는 이야기도 나왔고, 마치 전 세계가 동시에 부도가 날 것처럼 험한 이야기가 흘러나오던 시기였다.

그때 필자는 무슨 이유로 주식을 사라고 했을까? 주가의 속성 때문이다. 주식은 많이 빠지면 오르고 많이 오르면 빠진다는 아주 간단한 원칙을 갖고 이야기했다. 당시 코스피 지수는 2,085포인트를 찍고 892포인트까지 빠진 상태였다. 무려 60퍼센트에 가까운 하락이었다.

이미 대한민국은 IMF와 IT 버블, 신용카드 대란, 금융 위기 등을 경험했고 과거와 체질적으로 기업이 바뀐 상태이다. 이것이 2009년도 국내 증시가 다른 어느 국가보다 강세를 보인 이유이기도 하다.

GM이 파산하는 시점에서도 현대차는 시장 점유율이 올라가고 노키아가 힘든 싸움을 하는 동안 삼성전자와 LG전자의 휴대폰 매출이 증가했다는 사실이 이를 반증해준다. 그런데 국내 기업의 주가가 반 토막 이상 손해가 나다니…… 상식적으로 납득하기 어려운 상황이었다. 업종별로는 10분의 1까지 빠진 회사도 있었다.

결국 펀드 가입 시기를 결정하려면 해당 국가의 종합 주가 지수 차트를 보며 거래 대금이 폭발적으로 증가되는 과열권인지, 고점 대비 30~60퍼센트 정도 빠진 시점인지를 파악해야 한다. 그리고 본인이 가입 후 환매하는 타이밍이 주가 사이클상 하락이 한참 진행되는 시점인지도 파악해야 한다. 이것은 어떻게 해야 아느냐고?

기간으로 파악하면 된다. 가령 1년 동안 오르면 6개월은 빠지는 주가 상승과 하락 사이클을 인지하고 있다면 펀드 가입 시기와 환매 시기를 정확히는 맞히지 못해도 증시 격언에서 말하는 '무릎에서 어깨까지 수익'은 챙길 수 있을 것이다.

자산운용사나 펀드 이름에서 대박이 날 것 같은 막연한 느낌이 들 수도 있겠으나, 펀드 수익률은 펀드 가입 시기에 따라서 이미 결정이 났다고 해도 지나친 말이 아니다. 그러니 제발 본인이 투자하려는 지역의 종합 주가 지수 수준(과열인지, 과매도 상태인지)을 알아보고 가입해야 할 것이다.

또 한 가지 중요한 것을 말하자면 은행이나 증권사의 창구에서 펀드를 추천하는 여직원들이 주식에 대해 잘 아는 경우가 많지 않다는 사실이다. 이제 막 대학을 졸업하고 신입사원으로 채용된 직원도 많을 것이다. 설사 수년간 해당 업종에 일했어도 펀드 약관과 제품에 대한 특징은 잘 말해줄 수 있지만 정작 중요한 정보 즉 고객이 가입하려는 펀드의 투자 지역이나 기초 상품에 대한 내용을 잘 아는 것은 아니다. 엄밀히 말하면 금융 회사 직원의 목표는 상품을 파는 것이지, 지금 눈앞에 서 있는 고객의 자산이 불어나는 것이 아닐 수도 있다.

펀드 가입 시 알아두면 좋은 내용

환매와 수수료

펀드는 대부분 돈을 찾을 수 있는 기간이 제한되어 있다. 일정 기간 이전에 돈을 찾으려면 높은 수수료를 내야 하고 아예 일정 기간 환매를 못 하는 상품도 있다. 아무 때고 투자 금액을 찾아가버리면 운용하는 회사 측에서는 효율적인 투자를 하기가 힘들기 때문이다. 이는 대출금을 일찍 갚으려면 일정한 금액을 조기 상환 수수료로 내야 하는 것과 같다.

'환매가 자유롭다고 하지 않았느냐'며 운용사 직원들과 언성을 높이며 다투는 투자자들이 없지 않다. 환매가 자유로운 것은 사실이다. 단 '수수료를 내야 한다'는 조건은 있다. 대부분 펀드 상품은 90일 이내에 환매할 경우 이익금의 70퍼센트를 환매 수수료로 내는 것이 일반적이다. 하지만 가입과 동시에 일정한 수수료를 미리 떼어내므로 환매 수수료가 없는 것도 있다.

모든 것은 약관에 있다

집을 사고팔 때 계약서를 읽어보지도 않고 도장을 찍는 사람은 없을 것이다. 글자 하나가 엄청난 재산상의 손실로 돌아올 수 있기 때문이다.

펀드도 마찬가지다. 약관을 읽어보지 않고 돈을 갖다 맡겼다가 일어나는 결과에 대해서는 하소연할 곳이 없다.

약관에는 상품의 종류와 성격, 투자 목적, 계약 기간, 환매 수수료, 투자신탁 회사 등이 받아가는 보수 등이 자세히 적혀 있다. 약관뿐 아니라 상품의 특징, 구조, 운용 계획 등에 대해 기록한 투자신탁 설명서를 받아 보관해두는 것은 투자자가 가져야 할 기본 자세이다.

운용사는 투자 실적을 공개하게 되어 있으므로 약관 혹은 투자신탁 설명서를 보면 투자하고 있는 종목에 관해 확인할 수 있다. 운용사에서 이상한 종목에 투자하고 있다면 과감히 말할 수 있어야 한다. 펀드는 곧 자신의 재산이기 때문이다.

판매사와 운용사는 다르다

펀드는 판매 회사가 중요하지 않다. 엄밀히 따지면 펀드 가입 시기에 따라서 수익률이 상당 부분 정해지기 때문이다. 하지만 그 다음으로 중요한 것은 운용사이다.

예를 들어 KB금융에서 펀드를 판다고 해서 거기서 거래하는 모든 상품이 KB금융에서 운용하는 것은 아니다. 그러므로 펀드 운용사가 전통 있고 운영 경험이 풍부한 곳인지 꼭 확인해볼 필요가 있다.

펀드 매니저가 자주 바뀌는가

펀드 운용은 운용 회사가 한다고 하더라도 하나의 펀드는 결국 한 명의 펀드 매니저가 주로 관리하게 마련이다. 그런데 펀드 매니저가 자주 바뀐다면 운용 방법이 바뀔 수밖에 없다.

예를 들어 지금까지 공격적으로 운용해오던 펀드가 매니저가 바뀌면서 운용 방법이 달라지면 그 펀드의 색깔이 달라진다. 공격적이고 활발한 운용을 기대하고 가입한 펀드가 보수적인 배당주 펀드의 성격으로 바뀐다면 안 되지 않겠는가?

물론 요즘은 운용 철학, 시스템 등이 잘 되어 있어 펀드 매니저가 바뀌어도 기존의 운용 형태가 유지되는 경우가 많기는 하다. 하지만 적어도 해당 회사와 펀드 상태를 간접적으로 확인할 필요는 있다. 좋은 회사라면 직원이 수시로 바뀌겠는가? 그런 회사에 돈을 맡긴다는 것은 사실 꺼림칙한 일이다.

투자에 무엇보다 기본적으로 필요한 것은 눈앞에 보이는 화려한 투자 홍보지가 아니라 그 이면을 볼 줄 아는 안목이다.

펀드 규모는 어느 정도 되는가

펀드 자금 규모가 너무 커도 안 되지만 작아도 안 된다. 펀드 규모가 크면 시장 상황에 재빠르게 대응하지 못하고 규모가 너무 작으면 회사 내에서조차 관심 대상에서 제외되기 십상이다. 그것은 곧 수익률로도 연결될 수 있기 때문에 한 번쯤 확인해볼 필요가 있다. 최소 200~300억 원 이상은 되어야 펀드 운용을 제대로 할 수 있을 것이다.

펀드 유형별
투자 방법을
알아보라

> **"** 지수가 고점 대비 40퍼센트 이상 빠진 폭락장에서는 주식형 펀드로, 바닥권에서 50퍼센트 이상 오른 상승장에서는 혼합형 펀드로 가입한다 **"**

2009년 초 국내 코스피 지수가 1,000포인트 전후였을 때와 같이 소위 고점 대비 낙폭이 과대하였다고 판단되면 시가 총액 상위 종목에 투자하는 주식형 펀드에 가입해야 향후 지수가 상승할 때 그 상승폭에 대한 수익을 고스란히 누릴 수 있다. 반대로 지수가 바닥에서 많이 올라왔다고 생각되거나 하락할 수도 있다는 판단이 서면 주식 비중이 작은 혼합형 펀드

투자 대상에 따른 펀드

구분		주된 투자 대상	펀드 특징
증권 펀드	주식형 펀드	주식에 60퍼센트 이상 투자	고위험·고수익 추구
	혼합형 펀드	주식에 60퍼센트 이하 투자	채권 투자의 안전성과 주식 투자의 수익성을 동시에 추구
	채권형 펀드	채권에 60퍼센트 이상 투자	안정적인 수익 추구
MMF		단기 금융 상품에 투자	수시 입출금이 가능한 펀드
파생 상품 펀드		선물, 옵션 등 파생 상품에 투자	파생 상품을 통한 구조화된 수익 추구
부동산 펀드		부동산에 투자	환금성에 제약이 따르지만 장기 투자를 통한 안정적 수익 추구
실물 펀드		선박, 석유, 금 등 실물 자산에 투자	
특별 자산 펀드		수익권 및 출자 지분 등에 투자	
재간접 펀드		다른 펀드에 투자	다양한 성격과 특징을 가진 펀드에 분산 투자

(출처 : 교보증권 홈페이지 투자자 교육 부분)

나 배당형 펀드 등에 가입하는 것이 안전하다.

ETF 특징

ETF란 시장 수익률을 추종하는 인덱스 펀드를 거래소에 상장시켜 주식과 같이 거래하는 투자 상품이며 크게 두 가지 장점이 있다.

첫째, 특정 회사 주식이 아니라 특정 주가 지수에 연계하여 수익을 내는 것을 목적으로 하는 인덱스 펀드이다.

특정 지수를 충실히 따라 운용하므로 어느 운용사의 어느 펀드를 선택하더라도 시장 대비 실패할 확률이 매우 낮다. 일반 펀드에 비해 종목 선택과 투자 포트폴리오 구성 시 필요한 인력과 노력이 적기 때문에 신탁 보수와 운용 비용이 상당히 저렴하다. 게다가 주식처럼 거래되는데도 증권거래세(매도가액의 0.4퍼센트)가 면제되어 비용면에서도 장점을 갖고 있다.

둘째, 인덱스 펀드에 환금성을 덧붙였다.

일반 주식처럼 거래소에 상장하여 주식과 같은 방법으로 거래하기 때문에 시장 분위기에 따라서 매매할 수 있다.

ETF의 종류

ETF는 일반 펀드와 달리 이미 발행된 ETF가 거래소를 통하여 주식처럼 매매되는 유통 시장과 ETF가 설정되고 해지되는 발행 시장의 두 가지 시장이 동시에 존재한다.

유통 시장에서 일반 투자자들과 지정 판매사가 거래소를 통하여 ETF를 주식과 같은 방법으로 매매하므로 일반 투자자들은 유통 시장을 이용하면 되고, 발행 시장은 차익 거래 시 혹은 대규모 설정이나 해지 시에만 이용된다.

우리나라의 ETF는 코스피와 코스닥과 같은 대표 지수뿐 아니라 벤처 지수, IT 지수, 각종 업종별 지수 등 다양한 지수와 연계하고 있다.

대표적인 ETF 상품으로는 삼성투신에서 운용하는 KODEX와 우리CS자산에서 운용하는 KOSEF, 미래에셋자산에서 운용하는 TIGER 등이 있다. 이들 상품은 증권 회사의 증권 계좌를 통하여 매입할 수 있다.

ETF란

1 ETF(exchange traded fund : 상장 지수 펀드)는 일정 요건을 갖춘 지수의 변동에 연동하여 운용하는 것을 목표로 하는 펀드를 말한다.

2 ETF의 종류
ETF는 코스피 200 등 시장 지수에 연동하여 운용되는 펀드와 반도체·IT·제약 등 특정 산업 지수에 연동하여 운용되는 펀드로 나누어진다.

3 ETF의 특징
- 기존의 인덱스 펀드와 달리 거래소 시장에 상장되기 때문에 일반 주식과 같은 방법으로 시장에서 매매할 수 있다.
- ETF는 한 주를 매입함으로써 ETF가 추종하는 지수 구성 종목 전체에 투자한 효과를 볼 수 있다.
- ETF는 일반 펀드에 비해 통상 운용 보수 및 판매 보수가 낮고, 주식 거래시와 달리 증권 거래세를 부담하지 않는다.
- ETF는 3개월마다 배당금이 지급되므로 배당에 의한 재투자 효과를 극대화할 수 있다.

구분	주식형 펀드	주식형 인덱스 펀드	ETF
투자 대상 재산	주식 등	주식, 주가 지수 선물	주식, 주가 지수 선물
증권거래소 상장 여부	비상장	비상장	상장
환매 신청 후 출금 가능 일자	3일 후	3일 후	2일 후
운용·판매 보수	높음	낮음	낮음

참고 : 교보증권 홈페이지

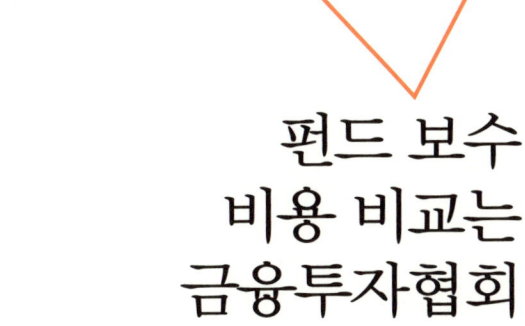

펀드 보수 비용 비교는 금융투자협회 홈페이지를 이용하라

펀드 보수 비용 비교하기

금융투자협회 홈페이지(www.kofia.or.kr)에 들어가서 '전자공시'와 '펀드 통계' 메뉴를 순서대로 클릭하면 확인할 수 있다.

펀드별 수익률 비교하기

펀드 간 운용 성과 역시 금융투자협회 홈페이지를 통해 확인할 수 있다. 현재 제공되는 정보는 펀드별, 기간별, 유형별 수익률 등 매월 초 영업일 기준 가격을 대상으로 월 1회 공시되고 있다. '전자공시' 와 '운용실적공시' 순으로 메뉴를 클릭하면 볼 수 있다.

주식명언 2

- 천재지변이나 돌발 사태로 폭락한 주식은 사라.
- 천장권의 호재가 있으면 팔고 바닥권의 악재가 있으면 사라.
- 모두가 좋다는 종목은 피하는 것이 좋다.
- 신고가는 따라 붙어라.
- 시대적 요구에 부합되는 미인주를 발굴하라.
- 매매 기준은 주가 수준보다 대세 흐름을 봐야 한다.
- 기업 분석에 지나치게 치중하지 마라.
- 배당을 보고 투자하지 마라.
- 손해보고 있는 종목부터 팔아라.
- 수급은 모든 것에 우선한다.
- 합창을 하면 주가는 반대로 움직인다.

부록: 급등주 매매 내역 공개

최근 매매했던 급등주와 가치 투자 종목을 무슨 이유로 매수했는지 말해주고 이 책에 기록한 정말 단순한 방법으로 필자도 매매하고 있음을 보여주기 위해 최근 매매 내역을 공개하고자 한다.

이곳에 차트와 함께 예로 든 종목은 추천 종목이 아니며 과거의 매매 내역일 뿐임을 밝혀둔다. 과거의 높은 수익률이 앞으로의 수익률을 보장하지는 않는다. 특히 급등주 매매는 펀더멘털에 기초한 것이 아니기 때문에 잘못하면 큰 손실을 볼 수 있으며 주가가 매입가 이상으로 회복되지 않는 경우가 많으므로 주의하기 바란다.

삼천리자전거

● 매수 이유

자전거 열풍이 대한민국을 뒤덮을 때였다. 삼천리자전거는 많은 투자자들의 관심을 등에 업고 수직 상승하기 시작했다.

필자가 관심을 가진 때는 2차 시세가 시작되는 시점이었다. 생각대로 주가는 1차 상승 후 2009년 4월 27일~30일에 걸쳐 조정이 나왔다. 필자는 전 고점 돌파를 예상하고 매수하였다. 전 고점이 돌파되면 보통 작게는 20퍼센트에서 많게는 100퍼센트 이상도 주가가 단기에 오른다는 것을 경험으로 알고 있었기 때문이다. 매매 당시 자전거에 대한 전 국민의 관심도를 보았을 때 최소 50퍼센트 이상은 추가 상승하리라 예상했다.

● 매도 이유

2009년 5월 8일 시가에 매도하였다. 전 고점을 돌파하고 상한가가 3번이나 나왔기 때문에 과열권으로 보았으며 이미 기대했던 목표 수익률을 달성하였기 때문이다.

물론 당일 주가는 하락하였지만 이후 재차 상승하여 37,000원까지 상승하였다. 하지만 2009년 6월 기준으로 주가는 15,000원 이하에서 움직였다. 고점 대비 50퍼센트 이상 하락하였다는 이야기다.

급등주는 단기 수익률은 높을 수 있지만 자칫 손절매나 매도를 못하였을 때는 큰 손실을 입을 수 있으므로 투자 경력이 최소 7~8년이 되지 않거나 손절매를 유연하게 할 수 없다면 접근하지 않는 것이 좋다.

삼천리자전거(2009. 4.)

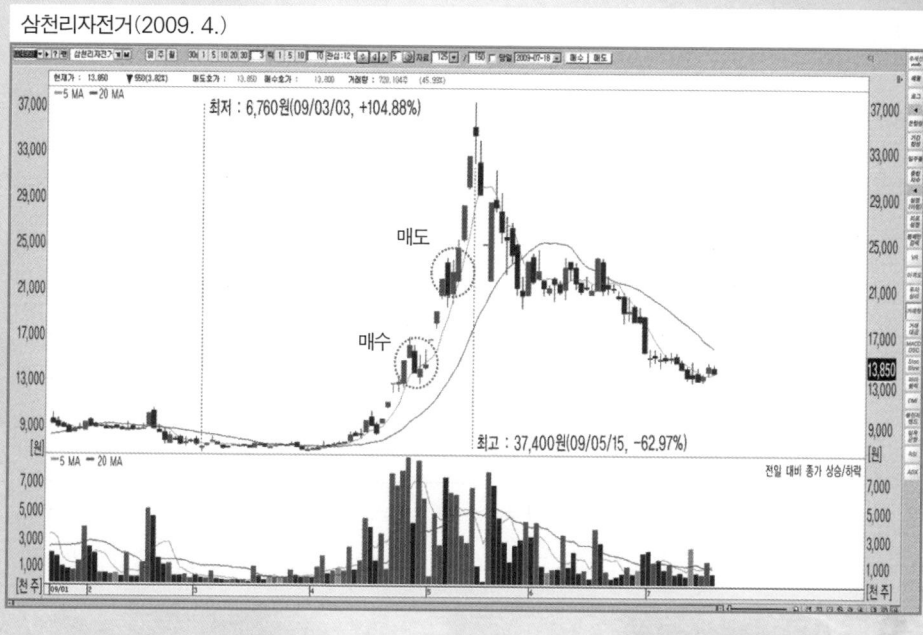

삼천리자전거 매매 일지

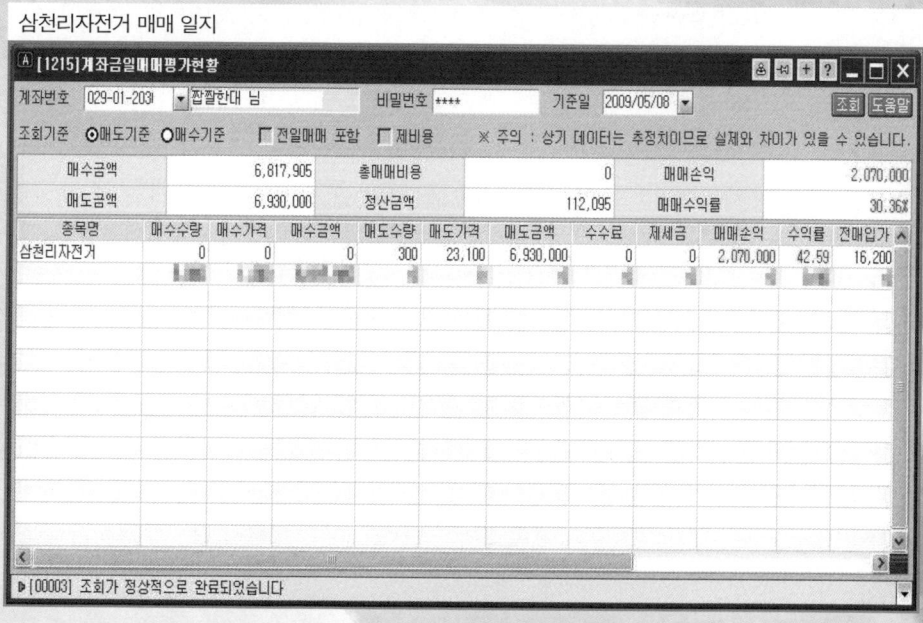

계양전기

● 매수 이유

2009년 5월 3일 연속 상한가 이후에는 거래량이 줄어들며 주가가 하락해야 하지만 오히려 횡보를 하는 모습에 제2차 상승에 대한 기대감으로 매수하였다. 이 종목을 매매한 이유는 신고가 종목에 속하기 때문이다. 신고가 종목에 관해서는 2부와 4부에서 설명하였다.

● 매도 이유

2009년 5월 13일 거래량이 급감하는 것을 보고 조만간 상투가 올 것이라 생각되어 다음날 시가에 매도하였다. 거래량이 감소하는 것은 아주 좋은 현상이지만 소위 이런 급등주는 주가를 인위적으로 조작하는 사람들에 의해 올라가는 경우가 많다. 거래량이 급감하는 모습을 보이면 그것을 보고 개인 투자자들이 더 몰려들게 된다. 필자는 오히려 그것이 개인 투자자들을 유인하기 위한 것이라 판단하고 매도하였다.

계양전기(2009. 5.)

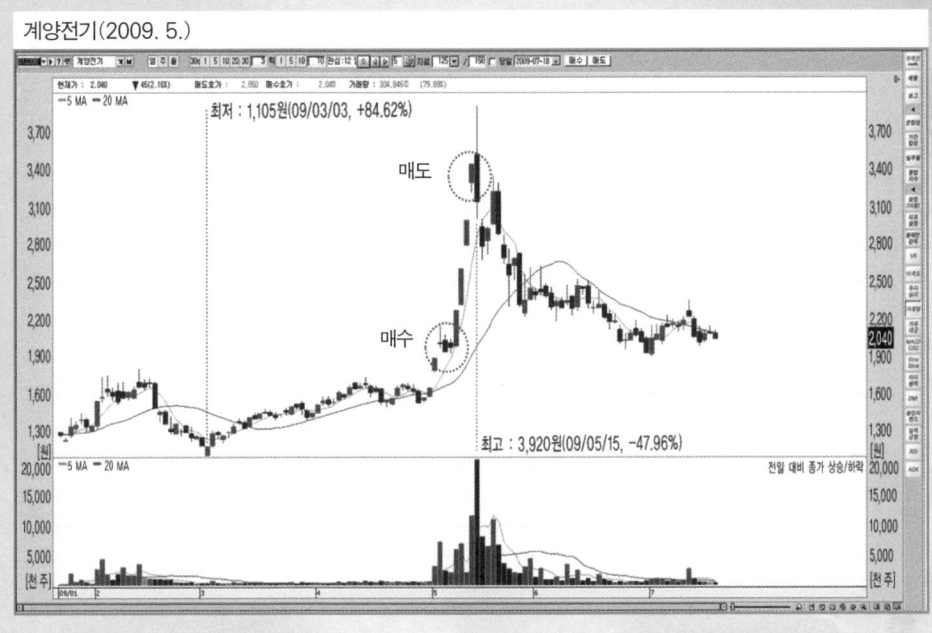

계양전기 매매 일지

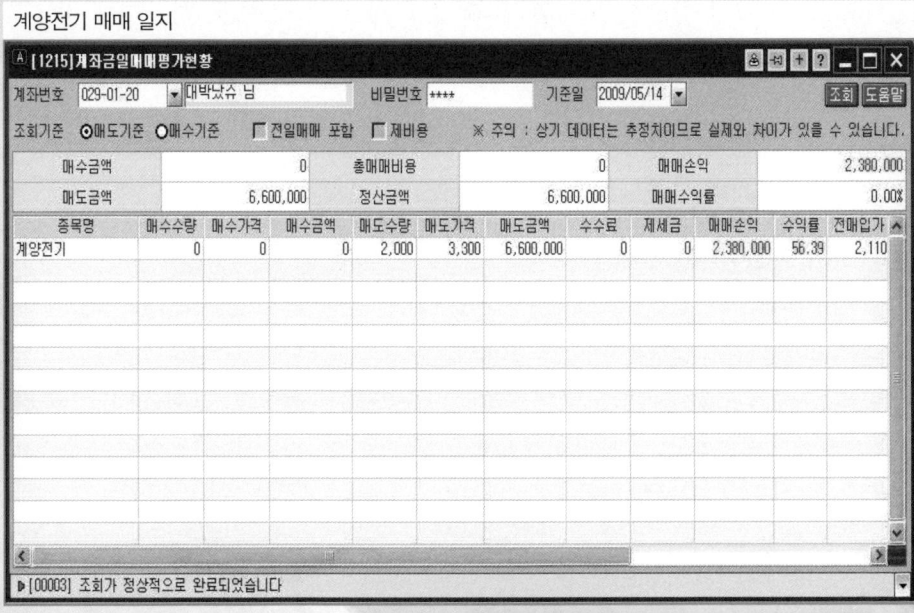

코오롱아이넷

● 매수 이유

　2009년 4월 단기 급등으로 2,900원을 기록한 후 4월 17일 종가 1,760원까지 하락하였다. 그런데 해당 주식의 가격이 20일 이동평균선 밑으로 가지 않고 그 위에서 횡보를 하고 있었다. 이렇게 단기 종목이 급등하다 급락하는 모습을 보이며 하락하다가 20일 이동평균선이 강하게 지지되는 모습을 보인다면 2차 시세가 올 수 있음을 뜻한다. 그리하여 2,000원 전후에서 분할 매수를 하였다.

● 매도 이유

　2차 상승이 보이면 전 고점 돌파를 하느냐, 못 하느냐에 따라서 매도를 해야 할지, 보유해서 전 고점 돌파 후 추가 상승에 대한 이익을 극대화하고 팔아야 할지를 정해야 한다. 애초에 해당 종목의 목표 수익률은 30퍼센트였기 때문에 더 욕심 없이 매도하였다.

코오롱아이넷(2009. 4.)

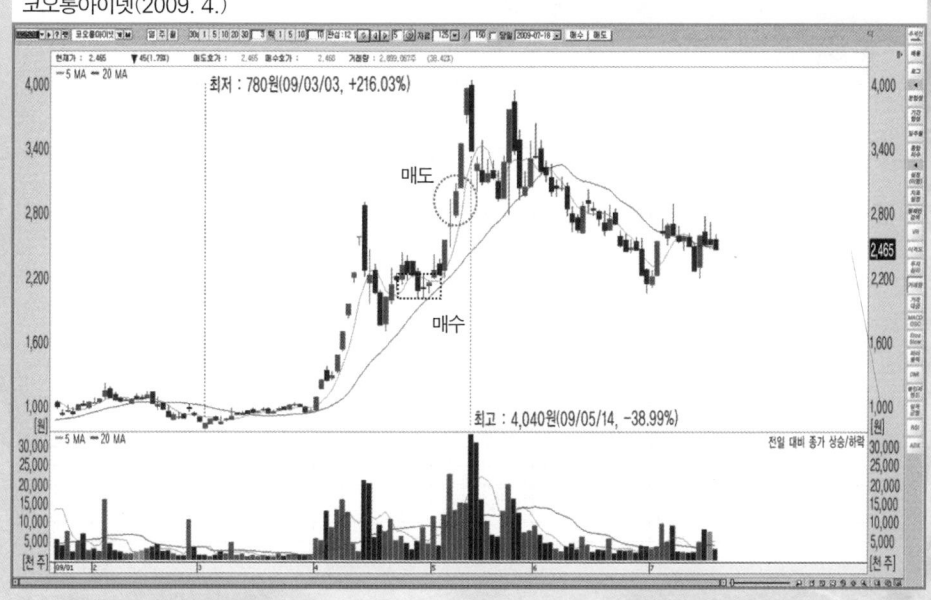

코오롱아이넷 매매 일지

부록 초보자를 위한 업종별 주요 관심 종목 정리

초보자를 위한 업종별 관심 종목 리스트

실제 투자를 할 때 수많은 종목 중에서 무엇을 선택해서 매매해야 할지 고민할 때가 많다. 하지만 알고 보면 그리 크게 고민할 것은 없다. 수익을 내는 종목이 따로 정해진 것도 아니고 업종별로 순환매를 하며 종합 주가 지수가 오르면 결국 대부분 종목이 함께 오르기 때문이다(코스닥 상장 개별 종목은 그렇지 않다). 그러므로 코스피 상장 업종의 대형주를 살펴보며 종목을 선정하면 된다.

단기적인 시장 수익률 초과 달성을 원할 때는 주로 시장에 이슈가 되는 테마주를 매매한다. 그러나 테마주는 코스닥 개별 종목이여서 펀더멘털보다는 짧은 기간의 이슈로 만들어진 단기 급등락 종목이 대부분이기 때문에 자칫 잘못 매매하면 시간이 지나도 원금 회복이 되지 않는 경우가 많으므로 각별히 주의하기 바란다. 필자는 코스닥 상장 테마주 매매는 투자 경력이 풍부하거나 전업 투자자가 아닌 직장인 개인 투자자라면 말리고 싶다.

그럼 이제 이 내용을 잘 숙지한 상태에서 업종별로 종목을 나눠보기로 한다.

보통 지수가 상승세를 타면 과거에는 옐로우칩이라고 하는 업종별 2위 종목이 많이 오르는 모습을 보였다. 하지만 2008년~2009년 전 세계적인 금융 위기 바람이 불면서 과거처럼 2등주보다는, 어려운 경영 여건 속에서 꾸준하게 실적을 내고 있는 업종 대표 1위 종목이 강한 상승세를 보이고 있다. 이런 흐름은 앞으로도 지속될 가능성이 높다.

그럼 업종별로 무슨 종목이 있는지 살펴보자.

필자는 실제 코스피 상장 업종을 매매할 때 아래 종목 안에서 주로 한다. 업종별로 종목을 자세히 보면 완성 업체 대형주부터 부품주까지 상당히 종류가 많다.

하지만 주요 종목만 매매한다고 하여 수익률이 적거나 리스크가 커지는 것은 아니다. 중요한 것은 많은 종목을 매매하는 것이 아니라 경기 상황이 어려워도 튼튼하게 살아남을 수 있는 확신이 가는 종목인가 하는 것이다.

이렇게 종목을 제한시켜 계속 지켜보다 보면 회사를 따로 분석할 시간을 할애하거나 시황이나 뉴스 등에 집착할 필요가 없어진다. 그 이유는 몇 개 종목을 한정하여 관찰하다 보면 해당 기업에 대한 자신감이 들고 심지어 '이제는 사도 된다'라는 생각이 될 정도로 매매에 확신이 들기 때문이다.

직장인의 주식 투자 목적은 투자를 잘해서 차익을 남기려

하는 것이지, 많은 종목을 보유해서 백화점식 잔고를 자랑하거나 계속 지분을 매입하여 대주주가 된다든지, 경영권을 안정시키기 위해 주식을 사 모으려는 것이 아니다.

이 점을 꼭 명심하고 아래 종목을 살펴본 후 관심이 가는 우량주를 선별해놓고 종목을 추려서 매매하는 것이 안정적으로 수익률을 쌓아가는 데 도움이 될 것이다.

업종별 주요 관심 종목

업종	종목
IT주	삼성전자, LG전자, LG디스플레이, 삼성전기, 삼성SDI
자동차	현대차, 기아차, 현대모비스
철강	POSCO, 현대제철
화학	LG화학, SK
정유	SK에너지
금융	KB금융, 기업은행, 대우증권
보험	LIG손해보험, 현대해상
건설	대림산업, GS건설, 대우건설
조선	삼성중공업, 현대중공업
해운	한진해운, 현대상선
유통	신세계
인터넷	NHN
의약품	LG생명과학, 동아제약
중국 관련주	STX엔진, 두산인프라코어

더불어 주도주에 대한 개념을 알고 있으면 수익률을 극대화하는 데 큰 도움이 된다.

주도주란 증시가 상승세로 전환되었을 때 그 상승장을 이끄는(?) 업종을 말한다. 이들 주도 업종은 실적과 연관이 있는데, 상승장이 시작되는 상황에서 앞으로 실적이 가장 우수할 것 같은 업종은 미리 그 기대감을 반영하여 시장 상승률 이상의 초과 상승률을 기록한다.

과거 사례를 살펴보면 2005년~2006년 주도 업종은 조선이었다. 실제 조선 업종 1위 업체인 현대중공업의 경우 2~3년 사이 5~6만 원 하던 주가가 55만 원까지 상승하는 기염을 토했다. 하지만 2009년 국내 주식 시장은 IT 업종과 자동차 업종을 중심으로 큰 상승세를 유지하고 있다.

만약 어떤 종목을 매매해야 할지 고민된다면 외국인과 기관이 집중적으로 사는 종목을 따라가는 것도 좋다. 결국 그것이 주도 업종이 되면 표 안에 제시한 종목 중 어떤 것을 보유하고 있다 하여도 시장 수익률 이상의 초과 수익을 달성할 수 있다.

필자가 코스닥 상장 업종의 종목을 표에 넣지 않는 이유는 한때 시가 총액 상위에 들었더라도 코스닥에 상장된 회사들과 같은 경영 환경에 있는 기업들은 경쟁이 치열할 뿐 아니라 수익성도 떨어지는 경우가 많으므로 현재는 1위 업체라고 해도 몇 년이 지나면 상위에 랭크되어 있기는커녕 상장 폐지되는 경우가 있기 때문이다.

투자 경험이 풍부하지 않다면 코스닥 상장 기업에는 투자하지 않는 것이 좋다.

〈코스피 200 투자 지표 우수 기업 정리〉

● 저 PER과 고 EPS 증가율 종목

주가 수익 비율(PER)이 낮다는 것은 주가가 현재가에 비하여 낮게 형성되어 있다는 의미로 볼 수 있다. 주당 순이익(EPS)이 증가하고 있으면 순이익이 안 나온다고는 볼 수 없으므로 '주가 수익 비율이 낮고 주당 순이익이 높은 회사'는 이익이 지속적으로 증가하지만 주가는 낮게 형성되어 있다고 해석할 수 있다.

● 저 PBR과 고 ROE 종목

주가 순자산 비율(PBR)이 1 이하일 경우 회사의 시가 총액이 자산 가치에도 미치지 못한다는 말이다. 더 쉽게 표현하면 주가 순자산 비율이 1 이하인 회사를 인수해서 바로 매각을 하여도 그 자리에서 차익을 얻을 수 있다는 이야기로 해석할 수 있다. 보통 자산 가치는 수익성이 떨어진다고 생각하여 주가가 약세인 경우가 있지만, 자기 자본 이익률(ROE)이 높다

저 PER과 고 EPS 증가율 종목

종목명	종목 코드	PER (배)	EPS 증가율 (퍼센트)	기업 내용
KPX화인케미칼	025850	5.4	11.428	폴리우레탄 제품의 원료인 TDI 제조 업체
한화석유화학	009830	6.1	523.0	PVC와 CA 사업에 특화된 석유화학 기업
GS	078930	5.5	369.9	GS칼텍스, GS리테일, GS홈쇼핑을 보유한 지주 회사
대림산업	000210	6.8	242.0	건설과 유화 부분의 사업 영위 업체
한솔LCD	004710	7.4	219.7	LCD TV의 BLU(백라이트유닛) 제조 업체
KC코트렐	009440	7.7	206.1	환경 관련 기자재 전문 업체
동원F&B	049770	7.5	154.2	식품산업 영위 업체
SK	003600	7.1	122.6	SK 그룹 지주 회사
S-OIL	010950	7.2	100.8	석유화학 제품의 제조 및 판매 회사
한국제지	002300	3.8	흑전	인쇄 용지 시장 점유율 1위 업체
넥센타이어	002350	8.1	흑전	타이어 생산 판매 업체
대덕GDS	004130	5.1	흑전	전기 개선 회로 설계 업체
대한유화공업	006650	2.3	흑전	고밀도 폴리에틸렌을 생산하는 업체
대덕전자	008060	8.0	흑전	휴대폰 및 네트워크용 인쇄회로기판 생산 업체
무림페이퍼	009200	5.1	흑전	아트지 부문 국내 1위 업체
호남석유화학	011170	4.9	흑전	합성수지, 기초 유분을 생산하는 석유화학 업체
케이피케미칼	064420	7.2	흑전	롯데 그룹 계열의 석유화학 수출 전문 기업
대우조선해양	042660	4.9	84.3	LNG선 및 특수선 제조 국내 3위 업체
STX엔진	077970	4.3	66.9	선박용 디젤 엔진 전문 생산 업체
LG화학	051910	7.3	58.6	석유화학, 정보 소재 생산 업체
SK에너지	096770	7.0	48.7	국내 최대 정유 업체
롯데삼강	002270	6.4	39.0	마가린 및 빙과류 제조 업체

(주 : PER · EPS 증가율은 2009년 예상치임 / 자료 : www.wisefn.com)

* 주의 : 표 안에 제시한 종목은 투자를 위한 참고 자료이며, 추천 종목의 성격이 아님을 밝혀둔다.

는 것은 주주의 돈으로 얼마나 많은 순이익을 보는지를 나타내기 때문에 '주가 순자산 비율이 1 이하이고 자기 자본 이익률이 높은 기업'은 회사의 자산 가치가 높으면서 제품이나 서비스 수익성이 좋다는 이야기로 볼 수 있다.

저 PBR과 고 ROE 종목

종목명	종목 코드	PBR (배)	ROE (퍼센트)	상대 수익률(퍼센트)		
				1개월	3개월	6개월
대한유화공업	006650	0.6	29.0	-10.4	42.8	81.1
STX엔진	077970	1.0	25.7	-31.4	-24.7	-3.4
대한제강	084010	1.0	22.6	-8.5	-22.2	11.6
KPX화인케미칼	025850	1.1	21.7	-7.5	-31.5	-22.2
현대미포조선	010620	0.9	21.6	-9.5	-22.2	-44.6
호남석유화학	01170	0.7	17.4	-8.1	6.2	5.5
SK에너지	096770	1.1	16.7	-13.4	-8.6	4.1
케이피케미칼	064420	1.1	16.2	-6.0	14.8	40.0
오뚜기	007310	1.0	15.8	-5.3	-3.3	-32.1
한국제지	002300	0.5	15.2	-12.4	4.8	17.9
코리안리재보험	003690	1.0	14.6	-11.4	-5.6	-10.2
대덕GDS	004130	0.7	14.3	-3.6	11.7	58.4
GS	078930	0.7	14.2	-5.9	-18.5	-5.1
퍼시스	016800	1.0	13.7	-0.4	-7.2	-20.4
코오롱	002020	1.0	12.3	-13.1	-3.6	3.4
한국투자금융지주	071050	1.1	11.8	-10.2	2.9	9.1
우리투자증권	005940	1.0	11.4	-0.7	-15.0	-16.2
STX조선해양	067250	0.8	11.4	-16.5	-17.3	-18.8
한화석유화학	009830	0.7	11.4	7.1	3.7	34.1
롯데삼강	002270	0.7	11.3	5.6	12.2	11.9

(주 : PBR · ROE는 2009년 예상치이며, 상대 수익률은 코스피 200 대비 초과 수익률임 / 자료 : www.wisefn.com)

저 EV/EBITDA와 고배당률 종목

이비에비타(EV/EBITDA)는 기업 가치(EV)를 세금과 이자를 내지 않고 감가상각도 하지 않은 상태의 이익(EBITDA)으로 나눈 수치로서 기업이 자기 자본과 타인 자본을 활용해 어느 정도 현금 흐름을 만들 수 있는가를 나타낼 때 주로 쓰인다. 더 쉽게 표현하자면 이비에비타가 높으면 시가 총액이 회사가 벌어들이는 감가상각 전 이익의 몇 배 수준에서 거래되는지를 알 수 있다.

A라는 회사의 이비에비타가 10이라는 것은 A라는 회사를 인수했을 때 그 회사가 벌어들이는 이익 규모로 따지면 10년 정도가 걸려야 투자금을 회수할 수 있다는 이야기다. 이비에비타가 3~4 수준이라면 인수한 지 3~4년 만에 회사의 이익금으로 투자금을 회수할 수 있다는 말이다.

그러므로 이비에비타가 낮으면 저평가되어 있다는 뜻이고 높으면 고평가되어 있다는 의미다. 외국인들이 투자 종목을 고를 때 주가 수익 비율, 주가 순자산 비율과 더불어 많이 찾아보는 수치다.

저 EV/EBITDA와 고배당률 종목

종목명	종목 코드	EV/EBITDA(배)	배당 수익률 (퍼센트)	상대 수익률(퍼센트)		
				1개월	3개월	6개월
S-OIL	010950	4.7	9.3	-8.6	-16.0	-32.2
대한제강	084010	2.6	6.9	-8.5	-22.2	11.6
대한유화공업	006650	1.8	6.0	-10.4	42.8	81.1
SK텔레콤	017670	4.3	5.3	-8.0	-14.3	-43.9
강원랜드	035250	5.6	5.2	-8.9	5.5	5.3
무림페이퍼	009200	5.5	4.7	-5.1	-4.3	-11.8
케이티	030200	3.6	4.5	-6.5	-11.2	-32.4
신도리코	029530	5.5	4.5	1.0	-1.6	-13.3
KT&G	033780	7.5	4.4	-12.9	-14.2	-46.2
현대미포조선	010620	3.1	4.3	-9.5	-22.2	-44.6
대덕GDS	004130	0.3	3.3	-3.6	11.7	58.4
웅진코웨이	021240	6.9	3.3	2.4	-2.2	-0.4
GS	078930	6.2	3.2	-5.9	-18.5	-5.1
한화석유화학	009830	6.0	3.1	7.1	3.7	34.1
대우조선해양	042660	2.7	3.0	-11.9	-30.3	-20.6
빙그레	005180	4.1	2.9	-6.4	0.1	-21.2
일동제약	000230	5.0	2.7	-20.4	-36.2	-3.2
대상	001680	6.0	2.6	0.3	-9.4	-6.2
현대중공업	009540	4.3	2.5	-4.7	-17.7	-26.4

(주: PBR·ROE는 2009년 예상치이며, 상대 수익률은 코스피 200 대비 초과 수익률임 / 자료: www.wisefn.com)

● **ROE 개선주**

국내 주식 시장에서 외국인의 비중이 커지면서 외국 투자자들이 주요 지표로 참고하는 항목 중 하나가 바로 자기 자본 이익률(ROE)이다.

자기 자본 이익률은 주주들이 회사를 설립하는 데 들어간

투입금으로 어느 정도 이익을 내고 있는지 보는 수익성 지표로 많이 활용되고 있다. 업종별로 차이는 있으나 보통 15퍼센트 이상이면 우수한 기업으로 본다.

ROE 개선주

종목명	종목 코드	ROE(퍼센트)		
		2008	2009E	2010E
대우조선해양	042660	20.9	29.8	33.9
현대미포조선	010620	19.4	21.9	24.6
KPX화인케미칼	025850	0.2	21.7	31.0
LG전자	066570	6.2	18.4	19.6
삼성테크윈	012450	7.0	18.0	22.4
SK에너지	096770	13.2	16.9	18.2
한솔LCD	004710	5.9	13.8	17.4
삼성증권	016360	9.9	13.0	14.2
종근당	001630	11.0	12.9	14.0
웅진케미칼	008000	0.9	12.5	18.5
미래에셋증권	037620	7.8	11.5	13.6
한국타이어	000240	1.5	10.8	13.2
효성	004800	6.9	10.6	12.9
SK케미칼	006120	1.0	9.5	18.7
한솔제지	004150	0.5	8.2	12.2
기아차	000270	0.5	8.2	12.2
삼성전기	009150	2.5	7.6	9.5
대교	019680	3.6	7.1	8.3
동원F&B	049770	2.7	6.4	8.1
삼성SDI	006400	0.9	6.4	8.1
한일시멘트	003300	1.5	1.5	4.0
삼양제넥스	003940	0.1	2.7	4.8

(주 : PBR·ROE는 2008년은 실제치, 2009년~2010년 ROE는 예상치임 / 자료 : www.wisefn.com)

유망 테마 포켓북

● **환경** 관련주(탄소 배출권, 유해 가스 절감, 산업 폐기물 처리)

이산화탄소 배출량을 2025년까지 절반 수준으로 줄이려면 현재 톤당 43달러 정도에서 거래되는 탄소 배출권 가격이 200달러 수준까지 높아져야 한다. 2009년 국내에도 녹색 성장 바람이 불면서 이에 대한 관심은 지속적으로 계속될 것으로 보인다. 더불어 우리나라는 세계 9위 이산화탄소 배출국이며 2013년부터 시작되는 2차 의무감축국으로 포함될 예정이어서 탄소 배출권, 유해 가스 절감, 친환경 에너지 개발 사업에 대한 관심이 높아질 전망이다.

종목명	코드	내용
포휴먼	049690	자동차 배기 가스 저감 장치
퍼스텍	010820	정부 주관 온실 가스 저감 개발 사업 주관 회사
후성	093370	퍼스텍에서 분리 상장되며 종전 퍼스텍이 가지고 있던 이산화탄소 배출 사업권 보유
한솔홈데코	025750	1993년~1996년 호주와 뉴질랜드에 2만 4천 헥타르 조림지 조성
이건산업	008250	전남 여수에 이산화질소(N_2O) 저감 시설 준공으로 온실 가스 배출권 확보
휴켐스	069260	강원 풍력발전단지 사업 온실 가스 감축 개발 체제 승인
서희건설	035890	쓰레기 매립장의 폐가스를 활용한 발전 사업 진출
인선이엔티	060150	건설, 토목 사업에서 발생하는 폐기물 처리 및 재활용
코엔텍	029960	산업 폐기물 매립 및 소각 처리 업체
케너텍	062730	질소산화물 저감 설비 및 황산화물 저감 설비 업체

● 윈도7 관련주

　마이크로소프트사는 최근 새로운 운용 체제인 윈도7베타를 공개했는데 2009년 11월 발매 예정이다. 그들은 윈도7베타가 윈도비스타에 비해 부팅 속도가 훨씬 빨라지고 배터리 사용 시간 또한 늘어났으며 홈네트워킹 환경과의 호환성도 좋아졌다고 한다.

　윈도7베타 버전을 경험한 국내외 테스터 등은 보기 드물게 굉장히 호의적인 반응을 보이며 윈도비스타보다 훨씬 빠르고 안정적인 운영 체제라고 평가하고 있다. 2007년 마이크로소프트사가 심혈을 기울여 출시했던 윈도비스타가 그동안 시장에서 혹평을 받았던 것을 감안하면 굉장히 이례적인 경우이다.

종목명	코드	내용
제이엠아이	033050	마이크로소프트사의 OS 프로그램 공급
제이씨현	03320	AMD CPU 유통, 그래픽 카드 제조, 판매
다우데이타	032190	MS 국내 총판 업체로 SW 유통 사업과 IT 교육 사업
유닉텍전자	039040	메인보드 및 그래픽카드 전문 유통 업체
어드밴텍	049470	윈도비스타 적용 가능한 산업용 메인보드 개발
백산OPC	066110	레이저 프린터용 드럼 제조 업체
비티씨정보	032680	모니터 관련 윈도비스타 프리미엄 인증 획득

대륙 철도 / 대심도 철도 관련주

전 세계적인 녹색 성장 붐과 에너지 효율성에 대한 이슈가 부각되면서 전통 산업이자 사양 산업으로 인식되었던 철도 관련주에 대한 기대치가 높아지고 있는 실정이다. 2007년 남북 철도 시험 운행에 이어 2009년은 수도권 대심도 철도(GTX) 계획 등이 수립되면서 국내 철도 관련주에 대한 관심이 커지고 있다. 더불어 미국의 고속철도 사업, 브라질 철도 사업 등 세계적으로도 큰 규모의 프로젝트가 예정되어 있어 관심을 가져볼 만하다.

북한을 경유하여 유라시아로 뻗어나가는 대륙 횡단 철도를 이용해 부산에서부터 폴란드까지 물류를 수송하면 해상 운송을 할 때보다 10일 이상 기간을 단축할 수 있고 비용도 절반으로 줄일 수 있다. 그러나 남북 관계 경색으로 단기적인 시각보다는 장기적인 시각으로 접근하는 것이 바람직할 것이다.

게다가 국토해양부가 추진하는 수도권 대심도 광역 전철 사업이 부각될 전망이다. 국토해양부는 대심도 급행 전철 사업에 대한 타당성 검토를 2009년 4월에 마친 상태며 대심도 연구 용역을 정리하여 상반기 중 철도 및 고속철도 기본 계획에 반영할 예정이라고 한다. 대심도 급행 전철은 지하 50미터 이하에 건설되기 때문에 토지 보상비 부담이 없다는 것도 장점으로 부각되고 있다.

종목명	코드	내용
동국제강	001230	후판, 봉형강 등을 생산하는 국내 2위 전기로 업체. 철도 차량용 강판 제조
현대산업개발	012630	대심도 전철 사업 4개 구간을 제안한 컨소시엄 구성
대아티아이	045390	철도 제어 분야 국내 1위 업체
비앤지스틸	004560	철도 차량용 강판 제조
세명전기	017510	전철 가설 및 전력 송배전 제조 업체, 대륙 철도 추진 시 수혜 가능성이 있음

● 하이브리드카 관련주

　하이브리드카는 1999년 출시 후 2006년까지 전 세계적으로 연평균 50퍼센트 이상 성장해왔다. 2020년에는 1억 3,000만 대가 판매되어 전체 자동차 시장의 112.7퍼센트를 점유할 전망이다.

　하이브리드카의 수익성은 단기적인 시각으로는 좋지 못하겠지만, 정부의 녹색 성장 정책과 미국 오바마 행정부의 '그린카'에 관한 수혜 기대감으로 2009년 하이브리드카 사업은 그 어느 때보다 높은 성장성이 기대된다.

종목명	코드	내용
LG화학	051910	하이브리드카 전용 배터리 개발
삼성SDI	006400	하이브리드카용 2차 전지 개발
현대차	005380	하이브리드카 자동차 판매, 최근 아반떼 하이브리드카 출시
아트라스BX	023890	차량용 축전지 시장 점유율 26퍼센트, 2차 축전지 개발
세방전지	004490	축전지 제조 업체로 니켈 - 수소 전지 개발
삼화전기	009470	전해콘덴서 상품화
뉴인텍	012340	하이브리드카용 필름 캐패시터 개발
넥스콘테크	038990	2차전지용 배터리 보호 회로와 하이브리드 배터리팩 개발

RFID 관련주

RFID(radio frequency identification)란 메모리 기능을 가진 꼬리표인 전자 태그를 제품 등에 부착하여 제품 및 그 주변 정보를 인식하는 일종의 센서 기술을 말한다. 정부는 신성장 동력으로 선정한 RFID/USN 사업에 투자가 예정되어 있으며 공공 분야에 우선적으로 RFID를 도입, 주요 산업 분야로 육성할 계획이다.

종목명	코드	내용
LS산전	010120	RFID 리더 및 태그 생산 라인 구축, 전력기기, 자동화 기기 생산 업체
잉크테크	049550	다양한 전자 태크 생산
현대정보기술	026180	RFID 리더기 출시, 서울시에 RFID 시스템 운영
누리텔레콤	040160	미국 심볼 태크와 제휴하여 RFID 마케팅 추진
빅텍	065450	RFID 밀집 리더 구축 및 전파 간섭 시험 프로젝트 계약 체결
로케트전기	000420	RFID용 초박형 망간 전지 개발
위즈정보기술	038620	RFID 및 IPV6 기술 이용
아모텍	052710	일본 업체와 합작 법인 설립, RFID 전자 부품 시장 진출
신세계I&C	035510	이마트 수서점 와인전자 선박에 RFID 적용

부록
맛있는 사과의 주식에 대한 생각

　　마지막으로 필자가 주식 시장을 바라보며 느낀 것을 솔직 담백, 허심탄회하게 쓰겠다. 필자가 금융 회사에 들어가야겠다고 결심한 것은 중학교 3학년 때이고, 실제 공부와 투자를 시작한 것은 고등학교 때부터다. 그리고 주식 서적을 출간해야겠다고 생각한 것은 5년 전 일이다.

　　이번에 책을 쓰면서도 많은 생각을 했다. 사실 주식책에 나온 것을 자기 것으로 소화하기란 거의 불가능하다. 본인이 투자를 하면서 산전수전 많은 어려움을 겪어보거나 수업료를 지불한 사람 혹은 투자 경험이 풍부해서 다른 누군가가 쓴 책에 숨은 의미를 간파할 수 있을 정도가 되는 이에게는 그나마 도움이 될 수 있을 것이다.

　　간혹 증권사 리서치 자료를 살펴보면 애널리스트가 기업 실적을 추정한 예상치와 실제 나온 액수 차이가 무려 30퍼센트가 넘는 경우도 부지기수이다. 목표가의 경우는 주가가 오르면 올리고 떨어지면 급하게 내리는 일이 다반사이다.

　　그런데 현재 직장 업무를 소화하는 것조차도 버거운 사람이 전문가 수준으로 재무제표와 기본적인 것을 공부하고 분석하는 것은 솔직히 무리다. 언제 그런 것을 다 공부하고 종목을 찾아 매매를 한단 말인가?

　필자는 불가능하다고 본다. 시중에 나온 고수들의 차트 기법을 배우면 된다고? 실제 그 안에는 정말 중요한 부분이 빠져 있는 경우가 많거나 포함되어 있다 하여도 글 속에 내포된 중요한 뉘앙스 등 글쓴이가 오랜 경험에서 느낀 시세 흐름까지는 일반인이 이해하고 알아차리기 힘들다.

　이러한 고수들의 매매 기법 등을 겨우 1~2만 원 하는 책값을 지불하고 전부 배울 수 있다는 생각은 버리기 바란다. 누군가는 적게는 수천만 원에서 수십억 원까지 수업료를 내고 십수 년 마음고생을 하며 얻은 기법이다. 그것을 단 몇 시간 만에 책을 읽어 배울 수 있다는 것 자체가 절대 불가능하다.

　손절매가 중요하다는 것을 어느 누가 모를까? 그것이 잘 안 되니까 문제일 뿐이다.

　신문이나 책에서 나오는 주가 수익 비율이 낮은 종목을 사야 한다고?

　2009년 6월 LG생명과학의 주가 수익 비율은 35가 넘는다.

그런데도 목표가는 8~9만 원을 부르고 있으며 저평가되어 있다고 난리다. 삼성전기는 2008년도 주가 수익 비율이 58이었다. 그 당시 주가는 3만 8,000원대로 2009년 6월 기준으로 보면 최근 3년간 최저 바닥에 있었다. 그렇다면 시세 차익을 남겨야 하는 일반 투자자들은 그 당시 삼성전기 종목을 샀어야 하지 않을까?

텔레비전과 책에 의하면 주가 수익 비율이 낮은 종목을 사야 한다고 하는데 당시 삼성전기의 주가 수익 비율은 50을 넘어 고평가되어 있는데 어찌 매수할 수 있었겠는가?

그러나 돈을 벌려면 매수했어야 했다. 그 후 연일 신고가를 경신하며 오르고 있기 때문이다.

이처럼 정말 중요한 것은 주식 시장이 돌아가는 기본 원리를 파악하고 그에 맞춰서 매매를 하는 것이다.

다음과 같은 두 명의 투자자가 있다고 하자.

A 투자자 : 나는 주가 수익 비율이 낮은 저평가 종목을 샀어. 그런데 주가는 죽어라 안 오르네.

B 투자자 : 내 주식은 주가 수익 비율은 높지만 매일 신고가 갱신을 하고 있어.

A 투자자가 마음이 편할까, B 투자자가 그럴까? 이 책을 읽는 일반 직장인이나 투자자들은 그 회사의 오너나 대주주가 되기보다 대부분 시세 차익을 얻으려는 사람들일 것이다. 그러나 시장은 책에서 배운대로 움직이지 않는다.

가장 중요한 주식 시장 원리는 바로 이것이다.

> **많이 오르면 빠지고 많이 빠지면 오른다**

물론 실적이 계속 나온다는 가정 아래에서 말이다. 이때 앞에서 말한 주가 수익 비율(PER), 자기 자본 이익률(ROE), 주가 순자산 비율(PBR), 이비에비타(EV/EBITDA) 등은 참고 자료가 될 뿐 수익률과 반드시 직결하지는 않는다.

시세는 교과서적인 내용이나 신문에 나오는 시황에 따라 움직이는 것이 아니다. 필자는 신문이나 언론에 주식 전문가들이 나와서 무슨 전망을 하였을 때 실제 시세는 어떻게 움직이는지 고등학교 때부터 비교하며 스크랩 등을 해왔다.

결과는 예상 외로 대부분 빗나갔다. 그들이 실력이 없어서가 아니라 원래 경기 동향이나 시세란 것이 그런 것 같다.

우리가 예측한 대로만 간다면 모두에게 좋은 게임이지만 자본 시장에서 모두가 이득을 얻는 경우는 없다. 어느 한쪽에서 수익을 얻으려면 다른 사람이 손해를 보아야 하는 구조가 대부분이기 때문이다.

  필자가 누구나 다 알 만한 기본적 분석과 차트 분석을 이 책에 써놓은 것도 이유가 있다. 투자자 본인이 애널리스트나 펀드 매니저가 될 것이 아니라면 이 책의 앞 부분에 나온 기본적인 분석을 하고 차트만 볼 줄 알아도 주식 투자로 먹고 사는 데 전혀 지장이 없기 때문이다.

  20년 가까이 투자를 해오고 계신 분들을 보아도 그렇다. 그들은 아주 단순한 방법으로 매월 수십 퍼센트의 수익을 남기고 있다.

  매일 회사에 출근하여 일하고 저녁에는 가족들과 보내기도 빠듯한 직장인들이 주식 차트를 분석하는 것도 사실은 불가능에 가깝다. 시중에 나와 있는 많은 책을 보면 저마다 다양한 보조 지표를 제시하고 있고 대단한 기법인 양 이름 붙인 갖가지 매매 방법 등이 난무하고 있다. 그러나 필자가 보기에는 그 많은 것이 다 필요하지는 않은 것 같다.

  주식은 오르고 떨어지는 두 가지 경우만 있다. 이미 지난 시세를 계산식으로 도출해서 앞으로 주가를 맞힐 수 있을까? 세계적인 수학과 교수들과 박사들이 주식 투자로 전 재산을 탕진한 경우도 해외 토픽으로 가끔 나오는 이 마당에 말이다. 만유인력의 법칙을 발견한 뉴턴이 주식 투자로 전 재산을 날렸다는 사실을 아는 사람은 많지 않을 것이다.

차트 분석 시 이동평균선, 전 고점, 전 저점, 거래량 정도만 잘 이해해도 주식으로 수익을 챙기는 데는 전혀 불편함이 없다.

수익률 대회에서 상위 성적을 내는 사람들의 매매 일지를 본 적이 있는가? 필자도 호기심에 단기 4,000퍼센트씩 수익을 냈던 대회 입상자들의 매매 내역은 물론 한 달에 200퍼센트 전후의 수익률을 냈던 투자자들의 매매 일지를 구해 종목별, 시간대별로 해당 차트를 열어두고 매매 기법을 연구한 적이 있다. 대단한 방법이 있을 줄 알았지만 결국 그들에게 공통적으로 발견한 것은 바로 다음 딱 세 가지였다.

"고점 돌파"
"대부분 신고가 종목 거래"
"칼 같은 손절매로 손실 최소화"

실망했는가? 실제 그분들이 출간한 책에는 정말 다양한 내용과 여러 가지 기법이 있지만 핵심인 저런 이야기는 찾을 수 없었다.

고점 돌파를 하거나 신고가를 갱신한 종목은 그 후에도 보통 최소 5~10퍼센트 이상 오른다. 그래서 고수들은 미수 한도를 최고로 사용하여 3~4퍼센트 정도 수익을 챙기고 매도

한다. 그러면 한 번 매매로 원금 대비 10퍼센트 수익을 챙길 수 있기 때문에 원금에 이자를 더 하는 복리 방식으로 한 달에 100퍼센트가 넘는 수익을 올릴 수 있다.

  이 책을 집필하며 꼭 하고 싶었던 이야기는 사실 바로 부록 부분이다. 1~5부까지 일반적인 이론을 말했다면 마지막에는 주식에 대해 현실적이고도 솔직한 이야기로 책을 마무리 하고 싶었다. 지금도 수익은 가장 단순한 방법에서 나온다고 필자는 강력하게 믿는다.

가림출판사 · 가림M&B · 가림Let's에서 나온 책들

문 학

바늘구멍
켄 폴리트 지음 / 홍영의 옮김 / 신국판 / 342쪽 / 5,300원

레베카의 열쇠
켄 폴리트 지음 / 손연숙 옮김 / 신국판 / 492쪽 / 6,800원

암병선
니시무라 쥬코 지음 / 홍영의 옮김 / 신국판 / 300쪽 / 4,800원

첫키스한 얘기 말해도 될까
김정미 외 7명 지음 / 신국판 / 228쪽 / 4,000원

사미인곡 上 · 中 · 下 김충호 지음 / 신국판 / 각 권 5,000원

이내의 끝자리 박수완 스님 지음 / 국판변형 / 132쪽 / 3,000원

너는 왜 나에게 다가서야 했는지
김충호 지음 / 국판변형 / 124쪽 / 3,000원

세계의 명언 편집부 엮음 / 신국판 / 322쪽 / 5,000원

여자가 알아야 할 101가지 지혜
제인 아서 엮음 / 지창국 옮김 / 4×6판 / 132쪽 / 5,000원

현명한 사람이 읽는 지혜로운 이야기
이정민 엮음 / 신국판 / 236쪽 / 6,500원

성공적인 표정이 당신을 바꾼다
마츠오 도오루 지음 / 홍영의 옮김 / 신국판 / 240쪽 / 7,500원

태양의 법
오오카와 류우호오 지음 / 민병수 옮김 / 신국판 / 246쪽 / 8,500원

영원의 법
오오카와 류우호오 지음 / 민병수 옮김 / 신국판 / 240쪽 / 8,000원

석가의 본심
오오카와 류우호오 지음 / 민병수 옮김 / 신국판 / 246쪽 / 10,000원

옛 사람들의 재치와 웃음
강형중 · 김경익 편저 / 신국판 / 316쪽 / 8,000원

지혜의 쉼터
쇼펜하우어 지음 / 김충호 엮음 / 4×6판 양장본 / 160쪽 / 4,300원

헤세가 너에게
헤르만 헤세 지음 / 홍영의 엮음 / 4×6판 양장본 / 144쪽 / 4,500원

사랑보다 소중한 삶의 의미
크리슈나무르티 지음 / 최윤영 엮음 / 신국판 / 180쪽 / 4,000원

장자-어찌하여 알 속에 털이 있다 하는가
홍영의 엮음 / 4×6판 / 180쪽 / 4,000원

논어-배우고 때로 익히면 즐겁지 아니한가
신도희 엮음 / 4×6판 / 180쪽 / 4,000원

맹자-가까이 있는데 어찌 먼 데서 구하려 하는가
홍영의 엮음 / 4×6판 / 180쪽 / 4,000원

아름다운 세상을 만드는 사랑의 메시지 365
DuMont monte Verlag 엮음 / 정성호 옮김
4×6판 변형 양장본 / 240쪽 / 8,000원

황금의 법
오오카와 류우호오 지음 / 민병수 옮김 / 신국판 / 320쪽 / 12,000원

왜 여자는 바람을 피우는가?
기젤라 룬테 지음 / 김현성 · 진정미 옮김 / 국판 / 200쪽 / 7,000원

세상에서 가장 아름다운 선물
김인자 지음 / 국판변형 / 292쪽 / 9,000원

수능에 꼭 나오는 한국 단편 33
윤종필 엮음 / 신국판 / 704쪽 / 11,000원

수능에 꼭 나오는 한국 현대 단편 소설
윤종필 엮음 및 해설 / 신국판 / 364쪽 / 11,000원

수능에 꼭 나오는 세계단편(영미권)
지창영 옮김 / 윤종필 엮음 및 해설 / 신국판 / 328쪽 / 10,000원

수능에 꼭 나오는 세계단편(유럽권)
지창영 옮김 / 윤종필 엮음 및 해설 / 신국판 / 360쪽 / 11,000원

대왕세종 1 · 2 · 3 박충훈 지음 / 신국판 / 각 권 9,800원

세상에서 가장 소중한 아버지의 선물
최은경 지음 / 신국판 / 144쪽 / 9,500원

건 강

아름다운 피부미용법
이순희(한독피부미용학원 원장) 지음 / 신국판 / 296쪽 / 6,000원

버섯건강요법 김병각 외 6명 지음 / 신국판 / 286쪽 / 8,000원

성인병과 암을 정복하는 유기게르마늄
이상현 편저 / 캬오 샤오이 감수 / 신국판 / 312쪽 / 9,000원

난치성 피부병 생약효소연구원 지음 / 신국판 / 232쪽 / 7,500원

新 방약합편 정도명 편역 / 신국판 / 416쪽 / 15,000원

자연치료의학 오홍근(신경정신과 의학박사 · 자연의학박사) 지음
신국판 / 472쪽 / 15,000원

약초의 활용과 가정한방 이인성 지음 / 신국판 / 384쪽 / 8,500원

역전의학
이시하라 유미 지음 / 유태종 감수 / 신국판 / 286쪽 / 8,500원

이순희식 순수피부미용법
이순희(한독피부미용학원 원장) 지음 / 신국판 / 304쪽 / 7,000원

21세기 당뇨병 예방과 치료법
이현철(연세대 의대 내과 교수) 지음 / 신국판 / 360쪽 / 9,500원

신재용의 민의학 동의보감
신재용(해성한의원 원장) 지음 / 신국판 / 476쪽 / 10,000원

치매 알면 치매 이긴다
배오성(백상한방병원 원장) 지음 / 신국판 / 312쪽 / 10,000원

21세기 건강혁명 밥상 위의 보약 생식
최경순 지음 / 신국판 / 348쪽 / 9,800원

기치유 기공수련
윤한홍(기치유 연구회 회장) 지음 / 신국판 / 340쪽 / 12,000원

만병의 근원 스트레스 원인과 퇴치
김지혁(김지혁한의원 원장) 지음 / 신국판 / 324쪽 / 9,500원

김종성 박사의 뇌졸중 119 김종성 지음 / 신국판 / 356쪽 / 12,000원

탈모 예방과 모발 클리닉
장정훈 · 전재홍 지음 / 신국판 / 252쪽 / 8,000원

구태규의 100% 성공 다이어트
구태규 지음 / 4×6배판 변형 / 240쪽 / 9,900원

암 예방과 치료법 이춘기 지음 / 신국판 / 296쪽 / 11,000원

알기 쉬운 위장병 예방과 치료법
민영일 지음 / 신국판 / 328쪽 / 9,900원

이온 체내혁명
노보루 야마노이 지음 / 김병관 옮김 / 신국판 / 272쪽 / 9,500원

어혈과 사혈요법 정지천 지음 / 신국판 / 308쪽 / 12,000원

약손 경락마사지로 건강미인 만들기
고정환 지음 / 4×6배판 변형 / 284쪽 / 15,000원

정유정의 LOVE DIET
정유정 지음 / 4×6배판 변형 / 196쪽 / 10,500원

머리에서 발끝까지 예뻐지는 부분다이어트
신상만 · 김선민 지음 / 4×6배판 변형 / 196쪽 / 11,000원

알기 쉬운 심장병 119 박승정 지음 / 신국판 / 248쪽 / 9,000원

알기 쉬운 고혈압 119 이정균 지음 / 신국판 / 304쪽 / 10,000원

여성을 위한 부인과질환의 예방과 치료
차선희 지음 / 신국판 / 304쪽 / 10,000원

알기 쉬운 아토피 119
이승규 · 임승엽 · 김문호 · 안유일 지음 / 신국판 / 232쪽 / 9,500원

120세에 도전한다
이권행 지음 / 신국판 / 308쪽 / 11,000원

건강과 아름다움을 만드는 요가
정판식 지음 / 4×6배판 변형 / 224쪽 / 14,000원

우리 아이 건강하고 아름다운 롱다리 만들기
김성훈 지음 / 대국전판 / 236쪽 / 10,500원

알기 쉬운 허리디스크 예방과 치료

이종서 지음 / 대국전판 / 336쪽 / 12,000원

소아과 전문의에게 듣는 알기 쉬운 소아과 119
신영규·이강우·최성항 지음 / 4×6배판 변형 / 280쪽 / 14,000원

피가 맑아야 건강하게 오래 살 수 있다
김영찬 지음 / 신국판 / 256쪽 / 10,000원

웰빙형 피부 미인을 만드는 나만의 셀프 피부건강
양해원 지음 / 대국전판 / 144쪽 / 10,000원

내 몸을 살리는 생활 속의 웰빙 항암 식품
이승남 지음 / 대국전판 / 248쪽 / 9,800원

마음한글, 느낌한글 박완식 지음 / 4×6배판 / 300쪽 / 15,000원

웰빙 동의보감식 발마사지 10분
최미희 지음 / 신재용 감수 / 4×6배판 변형 / 204쪽 / 13,000원

아름다운 몸, 건강한 몸을 위한 목욕 건강 30분
임하성 지음 / 대국전판 / 176쪽 / 9,500원

내가 만드는 한방생주스 60 김영섭 지음 / 국판 / 112쪽 / 7,000원

몸을 살리는 건강식품
백은희·조창호·최양진 지음 / 신국판 / 384쪽 / 11,000원

건강도 키우고 성적도 올리는 자녀 건강
김진돈 지음 / 신국판 / 304쪽 / 12,000원

알기 쉬운 간질환 119 이관식 지음 / 신국판 / 272쪽 / 11,000원

밥으로 병을 고친다 허봉수 지음 / 대국전판 / 352쪽 / 13,500원

알기 쉬운 신장병 119 김형규 지음 / 신국판 / 240쪽 / 10,000원

마음의 감기 치료법 우울증 119
이민수 지음 / 대국전판 / 232쪽 / 9,800원

관절염 119 송영욱 지음 / 대국전판 / 224쪽 / 9,800원

내 딸을 위한 미성년 클리닉
강병문·이향아·최정원 지음 / 국판 / 148쪽 / 8,000원

암을 다스리는 기적의 치유법 케이 세이헤이 감수 / 카와키 나리카즈
지음 / 민병수 옮김 / 신국판 / 256쪽 / 9,000원

스트레스 다스리기 대한불안장애학회 스트레스관리연구특별위원회
지음 / 신국판 / 304쪽 / 12,000원

천연 식초 건강법 건강식품연구회 엮음 / 신재용(해성한의원 원장) 감수
신국판 / 252쪽 / 9,000원

암에 대한 모든 것
서울아산병원 암센터 지음 / 신국판 / 360쪽 / 13,000원

알록달록 컬러 다이어트 이승남 지음 / 국판 / 248쪽 / 10,000원

당신도 부모가 될 수 있다 정병준 지음 / 신국판 / 268쪽 / 9,500원

키 10cm 더 크는 키네스 성장법 김양수·이종균·최형규·표재환·김문
희 지음 / 대국전판 / 312쪽 / 12,000원

당뇨병 백과
이현철·송영득·안철우 지음 / 4×6배판 변형 / 392쪽 / 16,000원

호흡기 클리닉 119 박성학 지음 / 신국판 / 256쪽 / 10,000원

키 쑥쑥 크는 롱다리 만들기
롱다리 성장클리닉 원장단 지음 / 4×6배판 변형 / 256쪽 / 11,000원

내 몸을 살리는 건강식품
백은희·조창호·최양진 지음 / 신국판 / 384쪽 / 12,000원

내 몸에 맞는 운동과 건강
하철수 지음 / 신국판 / 264쪽 / 11,000원

알기 쉬운 척추 질환 119
김수연 지음 / 신국판 변형 / 240쪽 / 11,000원

베스트 닥터 박승정 교수팀의 심장병 예방과 치료
박승정 외 5인 지음 / 신국판 / 264쪽 / 10,500원

암 전이 재발을 막아주는 한방 신치료 전략
조종관·유화승 지음 / 신국판 / 308쪽 / 12,000원

식탁 위의 위대한 혁명 사계절 웰빙 식품
김진돈 지음 / 신국판 / 284쪽 / 12,000원

교 육

우리 교육의 창조적 백색혁명
원상기 지음 / 신국판 / 206쪽 / 6,000원

현대생활과 체육
조창남 외 5명 공저 / 신국판 / 340쪽 / 10,000원

퍼펙트 MBA IAE유학네트 지음 / 신국판 / 400쪽 / 12,000원

유학길라잡이 I - 미국편
IAE유학네트 지음 / 4×6배판 / 372쪽 / 13,900원

유학길라잡이 II - 4개국편
IAE유학네트 지음 / 4×6배판 / 348쪽 / 13,900원

조기유학길라잡이.com
IAE유학네트 지음 / 4×6배판 / 428쪽 / 15,000원

현대인의 건강생활
박상호 외 5명 공저 / 4×6배판 / 268쪽 / 15,000원

천재아이로 키우는 두뇌훈련
나카마츠 요시로 지음 / 민병수 옮김 / 국판 / 288쪽 / 9,500원

두뇌혁명
나카마츠 요시로 지음 / 민병수 옮김 / 4×6배판 양장본 / 288쪽 / 12,000원

테마별 고사성어로 익히는 한자
김경익 지음 / 4×6배판 변형 / 248쪽 / 9,800원

生生 공부비법 이은승 지음 / 대국전판 / 272쪽 / 9,500원

자녀를 성공시키는 습관만들기
배은경 지음 / 대국전판 / 232쪽 / 9,500원

한자능력검정시험 1급
한자능력검정시험연구위원회 편저 / 4×6배판 / 568쪽 / 21,000원

한자능력검정시험 2급
한자능력검정시험연구위원회 편저 / 4×6배판 / 472쪽 / 18,000원

한자능력검정시험 3급(II)
한자능력검정시험연구위원회 편저 / 4×6배판 / 440쪽 / 17,000원

한자능력검정시험 4급(4급II)
한자능력검정시험연구위원회 편저 / 4×6배판 / 352쪽 / 15,000원

한자능력검정시험 5급
한자능력검정시험연구위원회 편저 / 4×6배판 / 264쪽 / 11,000원

한자능력검정시험 6급
한자능력검정시험연구위원회 편저 / 4×6배판 / 168쪽 / 8,500원

한자능력검정시험 7급
한자능력검정시험연구위원회 편저 / 4×6배판 / 152쪽 / 7,000원

한자능력검정시험 8급
한자능력검정시험연구위원회 편저 / 4×6배판 / 112쪽 / 6,000원

볼링의 이론과 실기 이택상 지음 / 신국판 / 192쪽 / 9,000원

고사성어로 끝내는 천자문
조준상 글·그림 / 4×6배판 / 216쪽 / 12,000원

논술 종합 비타민
이종원 지음 / 신국판 / 200쪽 / 9,000원

내 아이 스타 만들기 김민성 지음 / 신국판 / 200쪽 / 9,000원

교육 1번지 강남 엄마들의 수험생 자녀 관리
황송주 지음 / 신국판 / 288쪽 / 9,500원

초등학생이 꼭 알아야 할 위대한 역사 상식
우진영·이양경 지음 / 4×6배판 변형 / 228쪽 / 9,500원

초등학생이 꼭 알아야 할 행복한 경제 상식
우진영·전선심 지음 / 4×6배판 변형 / 224쪽 / 9,500원

초등학생이 꼭 알아야 할 재미있는 과학상식
우진영·정경희 지음 / 4×6배판 변형 / 220쪽 / 9,500원

한자능력검정시험 3급·3급II
한자능력검정시험연구위원회 편저 / 4×6판 / 380쪽 / 7,500원

교과서 속에 꼭꼭 숨어있는 이색박물관 체험 이신화 지음
대국전판 / 248쪽 / 12,000원

초등학생 독서 논술(저학년) 책마루 독서교육연구회 지음
4×6배판 변형 / 244쪽 / 14,000원

초등학생 독서 논술(고학년) 책마루 독서교육연구회 지음
4×6배판 변형 / 236쪽 / 14,000원

놀면서 배우는 경제 김솔 지음 / 대국전판 / 196쪽 / 10,000원

건강생활과 레저스포츠 즐기기
강선희 외 11명 공저 / 4×6배판 / 324쪽 / 18,000원

아이의 미래를 바꿔주는 좋은 습관
배은경 지음 / 신국판 / 216쪽 / 9,500원

다중지능 아이의 미래를 바꾼다
이소영 외 6인 지음 / 신국판 / 232쪽 / 11,000원

체육학 자연과학 및 사회과학 분야의 석·박사 학위 논문, 학술진흥재단
등재지, 등재후보지와 관련된 학회지 **논문 작성법**
하철수·김봉경 지음 / 신국판 / 336쪽 / 15,000원

공부가 제일 쉬운 공부 달인 되기
이은승 지음 / 신국판 / 256쪽 / 10,000원

취미·실용

김진국과 같이 배우는 **와인의 세계**
김진국 지음 / 국배판 변형 양장본(올컬러) / 208쪽 / 30,000원

배스낚시 테크닉 이종건 지음 / 4×6배판 / 440쪽 / 20,000원

나도 디지털 전문가 될 수 있다!!!
이승훈 지음 / 4×6배판 / 320쪽 / 19,200원

건강하고 아름다운 동양란 기르기
난마을 지음 / 4×6배판 변형 / 184쪽 / 12,000원

애완견114 황양원 엮음 / 4×6배판 변형 / 228쪽 / 13,000원

경제·경영

CEO가 될 수 있는 성공법칙 101가지
김승룡 편역 / 신국판 / 320쪽 / 9,500원

정보소프트 김승룡 지음 / 신국판 / 324쪽 / 6,000원

기획대사전 다카하시 겐코 지음 / 홍영의 옮김
신국판 / 552쪽 / 19,500원

맨손창업·맞춤창업 BEST 74
양혜숙 지음 / 신국판 / 416쪽 / 12,000원

무자본, 무점포 창업! FAX 한 대면 성공한다
다카시로 고시 지음 / 홍영의 옮김 / 신국판 / 226쪽 / 7,500원

성공하는 기업의 인간경영 중소기업 노무 연구회 편저 / 홍영의 옮김
신국판 / 368쪽 / 11,000원

21세기 IT가 세계를 지배한다
김광희 지음 / 신국판 / 380쪽 / 12,000원

경제기사로 부자아빠 만들기
김기태·신현태·박근수 공저 / 신국판 / 388쪽 / 12,000원

포스트 PC의 주역 정보가전과 무선인터넷
김광희 지음 / 신국판 / 356쪽 / 12,000원

성공하는 사람들의 마케팅 바이블
채수명 지음 / 신국판 / 328쪽 / 12,000원

느린 비즈니스로 돌아가라
사카모토 게이이치 지음 / 정성호 옮김 / 신국판 / 276쪽 / 9,000원

적은 돈으로 큰돈 벌 수 있는 **부동산 재테크**
이원재 지음 / 신국판 / 340쪽 / 12,000원

바이오혁명 이주영 지음 / 신국판 / 328쪽 / 12,000원

성공하는 사람들의 자기혁신 경영기술
채수명 지음 / 신국판 / 344쪽 / 12,000원

CFO 교텐 토요오·타하라 오키시 지음 / 민병수 옮김
신국판 / 312쪽 / 12,000원

네트워크시대 네트워크마케팅
임동학 지음 / 신국판 / 376쪽 / 12,000원

성공리더의 7가지 조건
다이앤 트레이시·윌리엄 모건 지음 / 지창영 옮김
신국판 / 360쪽 / 13,000원

김종결의 성공창업
김종결 지음 / 신국판 / 340쪽 / 12,000원

최적의 타이밍에 **내 집 마련하는 기술**
이원재 지음 / 신국판 / 248쪽 / 10,500원

컨설팅 세일즈 *Consulting sales*
임동학 지음 / 대국전판 / 336쪽 / 13,000원

연봉 10억 만들기
김농주 지음 / 국판 / 216쪽 / 10,000원

주5일제 근무에 따른 **한국형 주말창업**
최효진 지음 / 신국판 변형 양장본 / 216쪽 / 10,000원

돈 되는 땅 돈 안되는 땅
김영준 지음 / 신국판 / 320쪽 / 13,000원

돈 버는 회사로 만들 수 있는 109가지

다카하시 도시노리 지음 / 민병수 옮김 / 신국판 / 344쪽 / 13,000원

프로는 디테일에 강하다
김미현 지음 / 신국판 / 248쪽 / 9,000원

머니투데이 송복규 기자의 **부동산으로 주머니돈 100배 만들기**
송복규 지음 / 신국판 / 328쪽 / 12,000원

성공하는 슈퍼마켓&편의점 창업
나명환 지음 / 4×6배판 변형 / 500쪽 / 28,000원

대한민국 성공 재테크 **부동산 펀드와 리츠로 승부하라**
김영준 지음 / 신국판 / 256쪽 / 12,000원

마일리지 200% 활용하기
박성희 지음 / 국판 변형 / 200쪽 / 8,000원

1%의 가능성에 도전, **성공 신화를 이룬 여성 CEO**
김미현 지음 / 신국판 / 248쪽 / 9,500원

3천만 원으로 **부동산 재벌 되기**
최수길·이숙·조연희 지음 / 신국판 / 290쪽 / 12,000원

10년을 앞설 수 있는 **재테크** 노동규 지음 / 신국판 / 260쪽 / 10,000원

세계 최강을 추구하는 도요타 방식
나카야마 키요타카 지음 / 민병수 옮김 / 신국판 / 296쪽 / 12,000원

최고의 설득을 이끌어내는 프레젠테이션
조두환 지음 / 신국판 / 296쪽 / 11,000원

최고의 만족을 이끌어내는 창의적 협상
조강희·조원희 지음 / 신국판 / 248쪽 / 10,000원

New 세일즈 기법 **물건을 팔지 말고 가치를 팔아라**
조기선 지음 / 신국판 / 264쪽 / 9,500원

작은 회사는 전략이 달라야 산다
황문진 지음 / 신국판 / 312쪽 / 11,000원

돈되는 **슈퍼마켓&편의점 창업전략**(입지 편)
나명환 지음 / 신국판 / 352쪽 / 13,000원

25·35 꼼꼼 여성 재테크 정원훈 지음 / 신국판 / 224쪽 / 11,000원

대한민국 2030 독특하게 창업하라
이상헌·이호 지음 / 신국판 / 288쪽 / 12,000원

왕초보 주택 경매로 돈 벌기
천관성 지음 / 신국판 / 268쪽 / 12,000원

New 마케팅 기법 (실천편) **물건을 팔지 말고 가치를 팔아라 2**
조기선 지음 / 신국판 / 240쪽 / 10,000원

퇴출 두려워 마라 홀로서기에 도전하라
신정수 지음 / 신국판 / 256쪽 / 11,500원

슈퍼마켓&편의점 창업 바이블
나명환 지음 / 신국판 / 280쪽 / 12,000원

위기의 한국 기업 재창조하라
신정수 지음 / 신국판 양장본 / 304쪽 / 15,000원

주식

개미군단 대박맞이 주식투자
홍성걸(한양증권 투자분석팀 팀장) 지음 / 신국판 / 310쪽 / 9,500원

알고 하자! **돈 되는 주식투자**
이길영 외 2명 공저 / 신국판 / 388쪽 / 12,500원

항상 당하기만 하는 개미들의 매도·매수타이밍 **999% 적중 노하우**
강경무 지음 / 신국판 / 336쪽 / 12,000원

부자 만들기 주식성공클리닉
이창희 지음 / 신국판 / 372쪽 / 11,500원

선물·옵션 이론과 실전매매
이창희 지음 / 신국판 / 372쪽 / 12,000원

너무나 쉬워 재미있는 주가차트
홍성무 지음 / 4×6배판 / 216쪽 / 15,000원

주식투자 직접 투자로 높은 수익률을 올릴 수 있는 비결
김학균 지음 / 신국판 / 230쪽 / 11,000원

역대 연봉 증권맨이 말하는 **슈퍼 개미의 수익 나는 원리**
임정규 지음 / 신국판 / 248쪽 / 12,500원

역 학

역리종합 **만세력** 정도명 편저 / 신국판 / 532쪽 / 10,500원

작명대전 정보국 지음 / 신국판 / 460쪽 / 12,000원
하락이수 해설 이천교 편저 / 신국판 / 620쪽 / 27,000원
현대인의 창조적 관상과 수상 백운산 지음 / 신국판 / 344쪽 / 9,000원
대운용신영부적 정재원 지음 / 신국판 양장본 / 750쪽 / 39,000원
사주비결활용법 이세진 지음 / 신국판 / 392쪽 / 12,000원
컴퓨터세대를 위한 新 성명학대전 박용찬 지음 / 신국판 / 388쪽 / 11,000원
길흉화복 꿈풀이 비법 백운산 지음 / 신국판 / 410쪽 / 12,000원
새천년 작명컨설팅 정재원 지음 / 신국판 / 492쪽 / 13,900원
백운산의 신세대 궁합 백운산 지음 / 신국판 / 304쪽 / 9,500원
동자삼 작명학 남시모 지음 / 신국판 / 496쪽 / 15,000원
구성학의 기초 문길여 지음 / 신국판 / 412쪽 / 12,000원
소울음소리 이건우 지음 / 신국판 / 314쪽 / 10,000원

법률 일반

여성을 위한 성범죄 법률상식 조명원(변호사) 지음 / 신국판 / 248쪽 / 8,000원
아파트 난방비 75% 절감방법 고영근 지음 / 신국판 / 238쪽 / 8,000원
일반인이 꼭 알아야 할 절세전략 173선 최성호(공인회계사) 지음 / 신국판 / 392쪽 / 12,000원
변호사와 함께하는 부동산 경매 최환주(변호사) 지음 / 신국판 / 404쪽 / 13,000원
혼자서 쉽고 빠르게 할 수 있는 소액재판 김재용·김종철 공저 / 신국판 / 312쪽 / 9,500원
"술 한 잔 사겠다"는 말에서 찾아보는 채권·채무 변환철(변호사) 지음 / 신국판 / 408쪽 / 13,000원
알기쉬운 부동산 세무 길라잡이 이건우(세무서 재산계장) 지음 / 신국판 / 400쪽 / 13,000원
알기쉬운 어음, 수표 길라잡이 변환철(변호사) 지음 / 신국판 / 328쪽 / 11,000원
제조물책임법 강동근(변호사)·윤종성(검사) 공저 / 신국판 / 368쪽 / 13,000원
알기쉬운 주5일근무에 따른 임금·연봉제 실무 문강분(공인노무사) 지음 / 4×6배판 변형 / 544쪽 / 35,000원
변호사 없이 당당히 이길 수 있는 형사소송 김대환 지음 / 신국판 / 304쪽 / 13,000원
변호사 없이 당당히 이길 수 있는 민사소송 김대환 지음 / 신국판 / 412쪽 / 14,500원
혼자서 해결할 수 있는 교통사고 Q&A 조명원(변호사) 지음 / 신국판 / 336쪽 / 12,000원
알기쉬운 개인회생·파산 신청법 최재구(법무사) 지음 / 신국판 / 352쪽 / 13,000원

생활법률

부동산 생활법률의 기본지식 대한법률연구회 지음 / 김원중(변호사) 감수 / 신국판 / 472쪽 / 13,000원
고소장·내용증명 생활법률의 기본지식 하태웅(변호사) 지음 / 신국판 / 440쪽 / 12,000원
노동 관련 생활법률의 기본지식 남동희(공인노무사) 지음 / 신국판 / 528쪽 / 14,000원
외국인 근로자 생활법률의 기본지식 남동희(공인노무사) 지음 / 신국판 / 400쪽 / 12,000원
계약작성 생활법률의 기본지식 이상도(변호사) 지음 / 신국판 / 560쪽 / 14,500원
지적재산 생활법률의 기본지식 이상도(변호사)·조의제(변리사) 공저 / 신국판 / 496쪽 / 14,000원
부당노동행위와 부당해고 생활법률의 기본지식 박영수(공인노무사) 지음 / 신국판 / 432쪽 / 14,000원
주택·상가임대차 생활법률의 기본지식 김운용(변호사) 지음 / 신국판 / 480쪽 / 14,000원
하도급거래 생활법률의 기본지식 김진흥(변호사) 지음 / 신국판 / 440쪽 / 14,000원
이혼소송과 재산분할 생활법률의 기본지식 박동섭(변호사) 지음 / 신국판 / 460쪽 / 14,000원
부동산등기 생활법률의 기본지식 정상태(법무사) 지음 / 신국판 / 456쪽 / 14,000원
기업경영 생활법률의 기본지식 안동섭(단국대 교수) 지음 / 신국판 / 466쪽 / 14,000원
교통사고 생활법률의 기본지식 박정무(변호사)·전병찬 공저 / 신국판 / 480쪽 / 14,000원
소송서식 생활법률의 기본지식 김대환 지음 / 신국판 / 480쪽 / 14,000원
호적·가사소송 생활법률의 기본지식 정주수(법무사) 지음 / 신국판 / 516쪽 / 14,000원
新상속과 세금 생활법률의 기본지식 박동섭(변호사) 지음 / 신국판 / 492쪽 / 14,500원
담보·보증 생활법률의 기본지식 류창호(법학박사) 지음 / 신국판 / 436쪽 / 14,000원
소비자보호 생활법률의 기본지식 김성천(법학박사) 지음 / 신국판 / 504쪽 / 15,000원
판결·공정증서 생활법률의 기본지식 정상태(법무사) 지음 / 신국판 / 312쪽 / 13,000원
산업재해보상보험 생활법률의 기본지식 정유석(공인노무사) 지음 / 신국판 / 384쪽 / 14,000원

처 세

성공적인 삶을 추구하는 여성들에게 우먼파워 조안 커너·모이라 레이너 공저 / 지창영 옮김 신국판 / 352쪽 / 8,800원
聽 이익이 되는 말 話 손해가 되는 말 우메시마 미요 지음 / 정성호 옮김 / 신국판 / 304쪽 / 9,000원
부자들의 생활습관 가난한 사람들의 생활습관 다케우치 야스오 지음 / 홍영의 옮김 / 신국판 / 320쪽 / 9,800원
코끼리 귀를 당긴 원숭이-히딩크식 창의력을 배우자 강충인 지음 / 신국판 / 208쪽 / 8,500원
성공하려면 유머와 위트로 무장하라 민영욱 지음 / 신국판 / 292쪽 / 9,500원
등소평의 오뚝이전략 조창남 편저 / 신국판 / 304쪽 / 9,500원
노무현 화술과 화법을 통한 이미지 변화 이현정 지음 / 신국판 / 320쪽 / 10,000원
성공하는 사람들의 토론의 법칙 민영욱 지음 / 신국판 / 280쪽 / 9,500원
사람은 칭찬을 먹고산다 민영욱 지음 / 신국판 / 268쪽 / 9,500원
사과의 기술 김농주 지음 / 신국판 변형 양장본 / 200쪽 / 10,000원
취업 경쟁력을 높여라 김농주 지음 / 신국판 / 280쪽 / 12,000원
유비쿼터스시대의 블루오션 전략 최양진 지음 / 신국판 / 248쪽 / 10,000원
나만의 블루오션 전략-화술편 민영욱 지음 / 신국판 / 254쪽 / 10,000원
희망의 씨앗을 뿌리는 20대를 위하여 우광균 지음 / 신국판 / 172쪽 / 8,000원
끌리는 사람이 되기위한 이미지 컨설팅 홍순아 지음 / 대국전판 / 194쪽 / 10,000원
글로벌 리더의 소통을 위한 스피치 민영욱 지음 / 신국판 / 328쪽 / 10,000원
오바마처럼 꿈에 미쳐라 정영순 지음 / 신국판 / 208쪽 / 9,500원
여자 30대, 내 생애 최고의 인생을 만들어라 정영순 지음 / 신국판 / 256쪽 / 11,500원
인맥의 달인을 넘어 인맥의 神이 되라 서필환·봉은희 지음 / 신국판 / 304쪽 / 12,000원
아임 파인(I'm Fine!)

오오카와 류우호오 지음 / 4×6판 / 152쪽 / 8,000원

미셸 오바마처럼 사랑하고 성공하라
정영순 지음 / 신국판 / 224쪽 / 10,000원

용기의 법
오오카와 류우호오 지음 / 국판 / 208쪽 / 10,000원

명 상

명상으로 얻는 깨달음
달라이 라마 지음 / 지창영 옮김 / 국판 / 320쪽 / 9,000원

어 학

2진법 영어 이상도 지음 / 4×6배판 변형 / 328쪽 / 13,000원

한 방으로 끝내는 영어 고제윤 지음 / 신국판 / 316쪽 / 9,800원

한 방으로 끝내는 영단어 김승엽 지음 / 김수경 · 카렌다 감수 / 4×6배판 변형 / 236쪽 / 9,800원

해도해도 안 되던 영어회화 하루에 30분씩 90일이면 끝낸다
Carrot Korea 편집부 지음 / 4×6배판 변형 / 260쪽 / 11,000원

바로 활용할 수 있는 기초생활영어
김수경 지음 / 신국판 / 240쪽 / 10,000원

바로 활용할 수 있는 비즈니스영어
김수경 지음 / 신국판 / 252쪽 / 10,000원

생존영어55 홍일록 지음 / 신국판 / 224쪽 / 8,500원

필수 여행영어회화 한현숙 지음 / 4×6판 변형 / 328쪽 / 7,000원

필수 여행일어회화 윤영자 지음 / 4×6판 변형 / 264쪽 / 6,500원

필수 여행중국어회화 이은진 지음 / 4×6판 변형 / 256쪽 / 7,000원

영어로 배우는 중국어 김승엽 지음 / 신국판 / 216쪽 / 9,000원

필수 여행스페인어회화 유연창 지음 / 4×6판 변형 / 288쪽 / 7,000원

바로 활용할 수 있는 홈스테이 영어
김형주 지음 / 신국판 / 184쪽 / 9,000원

필수 여행러시아어회화 이은수 지음 / 4×6판 변형 / 248쪽 / 7,500원

여 행

우리 땅 우리 문화가 살아 숨쉬는 옛터
이형권 지음 / 대국전판(올컬러) / 208쪽 / 9,500원

아름다운 산사 이형권 지음 / 대국전판(올컬러) / 208쪽 / 9,500원

맛과 멋이 있는 낭만의 카페
박성찬 지음 / 대국전판(올컬러) / 168쪽 / 9,900원

한국의 숨어 있는 아름다운 풍경
이종원 지음 / 대국전판(올컬러) / 208쪽 / 9,900원

사람이 있고 자연이 있는 아름다운 명산
박기성 지음 / 대국전판(올컬러) / 176쪽 / 12,000원

마음의 고향을 찾아가는 여행 포구
김인자 지음 / 대국전판(올컬러) / 224쪽 / 14,000원

생명이 살아 숨쉬는 한국의 아름다운 강
민병준 지음 / 대국전판(올컬러) / 168쪽 / 12,000원

틈나는 대로 세계여행
김재are 지음 / 4×6배판 변형(올컬러) / 368쪽 / 20,000원

풍경 속을 걷는 즐거움 명상 산책
김인자 지음 / 대국전판(올컬러) / 224쪽 / 14,000원

3,3,7 세계여행
김완수 지음 / 4×6배판 변형(올컬러) / 280쪽 / 12,900원

레포츠

수열이의 브라질 축구 탐방 삼바 축구, 그들은 강하다
이수열 지음 / 신국판 / 280쪽 / 8,500원

마라톤, 그 아름다운 도전을 향하여
빌 로저스 · 프리실라 웰치 · 조 헨더슨 공저 / 오인환 감수 / 지창영 옮김 / 4×6배판 / 320쪽 / 15,000원

인라인스케이팅 100%즐기기
임미숙 지음 / 4×6배판 변형 / 172쪽 / 11,000원

스키 100% 즐기기
김동환 지음 / 4×6배판 변형 / 184쪽 / 12,000원

태권도 총론
하웅의 지음 / 4×6배판 / 288쪽 / 15,000원

수영 100% 즐기기
김종만 지음 / 4×6배판 변형 / 248쪽 / 13,000원

건강을 위한 웰빙 걷기
이강옥 지음 / 대국전판 / 280쪽 / 10,000원

쉽고 즐겁게! 신나게! 배우는 재즈댄스
최재선 지음 / 4×6배판 변형 / 200쪽 / 12,000원

해양스포츠 카이트보딩
김남용 편저 / 신국판(올컬러) / 152쪽 / 18,000원

골 프

퍼팅 메커닉
이근택 지음 / 4×6배판 변형 / 192쪽 / 18,000원

아마골프 가이드
정영호 지음 / 4×6배판 변형 / 216쪽 / 12,000원

골프 100타 깨기
김준모 지음 / 4×6배판 변형 / 136쪽 / 10,000원

골프 90타 깨기
김광섭 지음 / 4×6배판 변형 / 148쪽 / 11,000원

KLPGA 최여진 프로의 센스 골프
최여진 지음 / 4×6배판 변형(올컬러) / 192쪽 / 13,900원

KTPGA 김준모 프로의 파워 골프
김준모 지음 / 4×6배판 변형(올컬러) / 192쪽 / 13,900원

골프 80타 깨기
오태훈 지음 / 4×6배판 변형 / 132쪽 / 10,000원

신나는 골프세상
유응열 지음 / 4×6배판 변형(올컬러) / 232쪽 / 16,000원

이신 프로의 더 퍼펙트
이신 지음 / 국배판 변형 / 336쪽 / 28,000원

주니어출신 박영진 프로의 주니어골프
박영진 지음 / 4×6배판 변형(올컬러) / 164쪽 / 11,000원

골프손자병법
유응열 지음 / 4×6배판 변형(올컬러) / 212쪽 / 16,000원

박영진 프로의 주말 골퍼 100타 깨기
박영진 지음 / 4×6배판 변형(올컬러) / 160쪽 / 12,000원

10타 줄여주는 클럽 피팅
현세용 · 서주석 공저 / 4×6배판 변형 / 184쪽 / 15,000원

단기간에 싱글이 될 수 있는 원포인트 레슨
권용진 · 김준모 지음 / 4×6배판 변형(올컬러) / 152쪽 / 12,500원

이신 프로의 더 퍼펙트 쇼트 게임
이신 지음 / 국배판 변형(올컬러) / 248쪽 / 20,000원

인체에 가장 잘 맞는 스킨 골프
박길석 지음 / 국배판 변형 양장본(올컬러) / 312쪽 / 43,000원

여성실용

결혼준비, 이제 놀이가 된다 김창규 · 김수경 · 김정철 지음
4×6배판 변형(올컬러) / 230쪽 / 13,000원

아 동

꿈도둑의 비밀
이소영 지음 / 신국판 / 136쪽 / 7,500원

억대 연봉 증권맨이 말하는
슈퍼 개미의 수익 나는 원리

2009년 8월 15일 제1판 1쇄 발행
2009년 9월 3일 제1판 5쇄 발행

지은이/임정규
펴낸이/강선희
펴낸곳/가림출판사

등록/1992. 10. 6. 제4-191호
주소/서울시 광진구 구의동 57-71 부원빌딩 4층
대표전화/458-6451 팩스/458-6450
홈페이지/www.galim.co.kr
전자우편/galim@galim.co.kr

값 12,500원

ⓒ 임정규, 2009

저자와의 협의하에 인지를 생략합니다.

불법복사는 지적재산을 훔치는 범죄행위입니다.
저작권법 제97조의 5(권리의 침해죄)에 따라 위반자는 5년 이하의 징역
또는 5천만 원 이하의 벌금에 처하거나 이를 병과할 수 있습니다.

ISBN 978-89-7895-322-1 13320

가림출판사 · 가림M&B · 가림Let's의 홈페이지(http://www.galim.co.kr)에 들어오시면 가림출판사 · 가림M&B · 가림Let's의 신간도서 및 출간 예정 도서를 포함한 모든 책들을 만나실 수 있습니다.
온라인 서점을 통하여 직접 도서 구입도 하실 수 있으며 가림 홈페이지 내에서 전국 대형 서점들의 사이트에 링크하시어 종합 신간 안내 및 각종 도서 정보, 책과 관련된 문화 정보를 받아보실 수 있습니다.
또한 홈페이지 방문시 회원으로 가입하시면 신간 안내 자료를 보내드립니다.